双港驱动 海口腾飞

海口城市重大基础设施项目策划

李胜 唐炜 主编

中国建筑工业出版社

图书在版编目（CIP）数据

双港驱动　海口腾飞：海口城市重大基础设施项目策划／李胜，唐炜主编．—北京：中国建筑工业出版社，2020.5

ISBN 978-7-112-25104-9

Ⅰ.①双… Ⅱ.①李…②唐… Ⅲ.①基础设施建设—研究—海口 Ⅳ.①F299.24

中国版本图书馆CIP数据核字（2020）第077365号

责任编辑：胡　毅
责任校对：焦　乐

双港驱动　海口腾飞：海口城市重大基础设施项目策划
李　胜　唐　炜　主　编

*

中国建筑工业出版社出版、发行（北京海淀三里河路9号）
各地新华书店、建筑书店经销
北京点击世代文化传媒有限公司制版
上海安枫印务有限公司印刷

*

开本：787×1092毫米　1/16　印张：9　字数：180千字
2020年6月第一版　2020年6月第一次印刷
定价：**88.00元**
ISBN 978-7-112-25104-9
（35823）

版权所有　翻印必究
如有印装质量问题，可寄本社退换
（邮政编码 100037）

内容提要

本书是一本从交通与城市、交通与开发的前期策划、规划研究角度，讲述城市发展策略与路径的书，是一本以具体案例为城市规划、交通、经济研究者、决策者开拓思路、引发讨论的书。

随着国家"一带一路"战略的推进，国家赋予海南自由贸易试验区（港）的发展使命不断深化，海口再次走入一个发展的关键抉择期，迎来了一个全新的历史发展机遇，这种机遇可以说是空前绝后的，需要有一系列决策。本书作者团队有幸在这个特殊时期，对海口市的重大交通基础设施进行了系统的思考与策划研究，提出了"打造全球首座海铁枢纽"、"推动临空港经济区三大产业一大平台"、"构建双港快线，推进城市交通、空间结构优化"等创新目标与发展思路，明确提出海口市应该抓住历史机遇，结合海口和海南的发展战略，在解决好海港、空港两大门户交通问题的同时，带动海口交通结构和城市空间、经济结构的转型发展，提升海口在海南乃至整个南海区域的辐射能级，使海口在将来不仅是陆岛间联系的门户，同时还能成为泛南海地区（东盟）的桥头堡，结合好自由贸易政策赋予的巨大空间，释放新型城市化的活力，找到海口自身的特色发展之路。

本书虽然是围绕海口展开的，但其中对问题、需求的剖析，思考与解决问题的思路及方法，对于城市规划、交通、经济和建设各相关领域的政府、企业研究人员、决策者具有较高的参考价值。

编 委 会

课题指导

刘武君

主　编

李　胜　唐　炜

课题组成员（以姓氏笔画为序）

万　钧	马燕静	王　彬	王姗姗	石晟屹
朱　江	刘　奇	李　鸿	李　颖	李之基
李红燕	李倩琳	杨旌晶	肖传凯	吴奕琏
吴琼滨	何书勇	张泷方	陈　尧	陈翔宇
郑羽佳	孟　萍	施　慰	顾承东	凌　鲲
黄　翔	黄有光	粘　婷	寇怡军	蒋　玮
舒超琼	蔡　静	熊　珊		

序:开启双港驱动的城市发展新时代

我非常喜欢海南的热带生活,过去十年里,我经常到这里来,对海南的阳光、沙滩、大海和一望无际的椰树林,是非常向往的。但是,十年过去了,现在我们看到"海南印象"已经发生了巨大的变化,机动车发展给海南和海口的交通带来了很大的压力,特别是在节假日,岛内的高速公路、市里的道路,甚至有一些旅游休闲的景区,都出现了非常拥堵的情况。不同于一些大陆城市的是,这其中的许多交通量不是本地车辆产生的,海口的机动车拥有量还没有达到那么多的程度。最大的外来冲击量是通过海口的汽车轮渡从大陆来的车辆带来的。其中,特别是到春节等重大节假日的时候压力最大。今天,我们看到这么拥堵的海南(图1),不禁会想起以前海南那交通顺畅的情景,"海岛的吸引力正在下降!"

图1 海口的交通拥挤一瞥

看到这些，我们应该思考一下了。我们的交通发展模式是否出了问题？海南是一个海洋生态资源禀赋极好的生态岛，这是我们得天独厚的地方，岛上的游客接纳容量还有很大裕量，但是交通这么发展下去肯定会有很大的问题，必须要转变交通发展的模式。只有发展生态友好型的公共交通才是可持续的。

我们现在处于一个很好的时代，新技术和新的商业模式蓬勃发展，比如新生的共享电动车就是一件非常值得海南关注的事情。我们处在互联网的关键时期，可以思考一些适合海南的、新的发展模式。我在做海口交通课题的时候发现，海南省政府、海口市政府是很有远见的，在大多数大陆城市还不知道高铁是怎么回事的时候，海南已经做成了环岛高铁，为海南走公交优先的交通发展之路奠定了坚实的基础。现在海南又加快了民航机场的规划建设，发展了三大机场，这使我们在交通管控方面占据了一些有利条件。

与其他一般大陆城市比较起来，海南更有优势、更便捷的地方就在于这里是一座岛。一旦完成了机场和港口这些基础设施的建设，海南的对外交通就比较可控，就容易管控风险。现在，海南已经有了环岛高铁、环岛高速，为岛上城市与城市之间提供了非常好的公交优先的条件。如果继续按照这样的思路发展下去，接下来需要在每座机场、每座高铁站、每个城市规划建设好各自的公共交通网络，这并不是一件轻松的事情。大陆来的旅客、游客多数人并不希望自己开车来。最近，上海出现一项特殊服务，你出3000块钱、有人负责把你的私家车运到海南来，然后你自己则可以坐飞机过来。这说明实际上很多人并不愿意开车来海南，这也说明海南的公共交通还不成熟、不方便。

海南岛进出岛的方式，无外乎一个"海"、一个"天"。通过对进出岛交通的管控，可能我们会找到新的发展思路。看看海口的总体规划图，如果把东西两个综合交通枢纽做好（图2），公交优先做到位，我们就可能会闯出一条不同于大陆城市的交通发展道路。具体怎么做呢？我的建议是：海口要"开启双港驱动的城市发展新时代"。

现在，海口市在东侧已经有了美兰机场，与环岛高铁的车站已经实现了对接，规划还有城市轨道交通进入。虽然位于美兰机场的"空铁枢纽"具体方案上还有很多可以优化的地方，但基础设施基本上是很好的？现在，空铁枢纽正在热火朝天地建设中。

我们再把目光转向新海港区这边。按照海口市的城市规划，这个地区规划了一条地铁，也规划了一个港口。从大陆过来的各种机动车辆和铁路交通，以后都会逐步转到这个新海港区。我建议在这里规划建设一个海运与环岛高铁、高速公路，以及城市各种交通方式对接的综合交通枢纽，使海口形成西边的"海铁枢纽"与东边的"空铁枢纽"相呼应的双门户枢纽格局。进出岛的客流可以利用环岛高铁直接转

图 2　海口的双港示意

移到岛内其他城市，环岛高铁同时又是两个枢纽之间快速连接的非常重要的交通方式，使两个枢纽可以实行组合运行。

除了机场，岛内的客人还有一大批是从海上来的。我们需要让海上来的客人在码头上就有铁路对接，以及各种交通方式选择，特别是这些客人能够与海口的城市交通和旅游交通对接。一定要实现高效、舒适的对接，让人家走得方便、留得舒服，而不是只把交通污染留下来、人却没有留下。这就要求在新海港区这个地方建设一个以公共客运为主的海铁高效对接，海运与高速公路、城市道路、轨道交通等各种岛内交通系统高效对接的综合交通枢纽，并同时提供舒适的、有海南特色的吃、住设施、商务设施、产业设施。只有这样，才能让这些从海上来的客人在海口能够"走得便捷、留得舒适、工作高效"。

要达到这样的目标，前提是公共交通的高效对接。实际上环岛高铁通车以后，每个车站都需要规划建设成这样的综合交通枢纽，这个枢纽是公交优先的，这就要求我们转变过去的发展模式。事实上，私家车的发展对自然环境、城市交通的恶劣影响都是不可逆的。要真正摆脱这种发展模式，最重要的办法就是发展公交优先，但做得好的地方并不多。

有了空铁枢纽和海铁枢纽以后，实际上可以带动新海港区甚至整个长流组团的发展。枢纽地区本身商务活动的发展，也是城市转型发展的机遇，枢纽地区会成为长流组团的CBD。因此整个周围地区的规划，甚至城市总体规划都应该港城一体，把城市和港口结合起来。例如新加坡，它是以两港立国的，海、空两个枢纽都做得很好，空港和海港是新加坡城市经济的支柱，也是现代服务业的功能设施的集聚地。某种程度上可以说新加坡就是港口经济的典范，其空港、海港都是世界一流的。的确，空港、海港良好的基础设施是非常重要的，让人们愿意来、走得快、留得舒服，工作高效，这才是我们的追求，而不仅仅是快速通过，更不是拥挤和混乱。所以在海口的双港地区不仅要把海铁、空铁之间对接好，还要把其他交通方式也都对接好，更要把枢纽经济发展起来，让所有人都能便捷换乘、舒服停留、高效工作。

海口两大枢纽的功能定位，应该放在更高的位置来研究。我以为，第一，双港是海上丝绸之路经济带的"桥头堡"，是国家战略的支点之一。第二，双港将是琼州海峡经济带的"新引擎"，整个经济带的发展规划现在已经进展得很好，它是这个经济带上很重要的支点，同时是祖国在南海的重要枢纽。第三，对于海南岛内来说，双港是海南国际旅游岛的"新门户"，进出岛就是通过天上和海上，把这两个枢纽控制好了，对我们的交通管控就非常有利。第四，对海口市来说，双港就是海口市（海澄文）的"迎客厅"，所有人都从这里进出，要让它能够带动经济发展和城市发展、城市更新。第五，双港还将是长流组团和江东组团的"中央商务区"。双港也会拉动其所在城市组团的产业集聚，形成这两个组团的现代产业集聚地。交通集聚的地方首先会带来商业、服务业的集聚，这对我们的城市组团的发展也是很重要的牵引力。

另外，枢纽本身也会带动城市产业的巨大发展，而且在这里集聚的不是传统的制造业，而是以商业服务业为主体的商务产业设施。比如荷兰阿姆斯特丹机场就是航空城（AIRCITY）发展比较典型的例子，其空港后面是完整的商务区，商务区与航站楼完全融为一体，商务区的办公楼里有航站楼的功能，航站楼里有大量商务功能。航空城可以带动四大产业链的发展，形成四大产业园区：一是以航站楼为源头，汇集客流、信息流、资金流，以现代服务业为主，配合高端制造业，形成商务设施集聚的商务园区；二是以货运站为龙头，在其附近的关联地区形成物流与产业设施集聚的物流产业园区；三是以飞机维护与保障为龙头，相关维护维修、机上用品保障、制造和服务设施交汇集聚形成的航空产业园区；四是为民航产业链上的人口服务的生活设施集聚区。

中国的高速铁路建设方兴未艾，新的高铁车站的建设与过去不一样了，它也可以带动很大一片地区的经济发展，成为城市发展的牵引力之一，很多铁路枢纽地区就是该城市最大的商务设施集聚地。上海正在建设的虹桥商务区，面积只有 1.67km^2，但建设规模达到了 250 万 m^2，集聚了大量的企业总部，其未来创造的 GDP 将是非常大的。瑞士首都伯尔尼的市中心就是一座铁路城（RAILCITY）。

港口也一样，深圳太子港的规划就是成为一座港口城（PORTCITY），它是一个港口带动城市经济发展的典型案例。

总之，枢纽能够带动周围地区的产业集聚，汇集的都是现代服务业和一些新兴产业，这些产业对海南、海口的城市定位和生态城市的建设都是不矛盾的，都是符合我们的目标的。而且，双港在海口城市的东西两端建成运行的时候，还会给城市空间的更新带来巨大的拉动作用，对城市结构的重筑也会产生很大的影响（图3）。

东西两边的空铁枢纽和海铁枢纽以及它们的配套产业设施就像两个轮子一样，它们的高速运转必将带动海口经济的加速发展。这也是符合城市发展规律的，因为我们的城市最早都是在通行便捷的交通枢纽、交通节点的地方发展起来的。所以回归城市的本质就会拉动海口城市的发展，促进海口城市空间结构的重新组织。基于此，我们还可以实现与南海区域、南亚、世界其他地区的对接，也都是通过这两个枢纽。

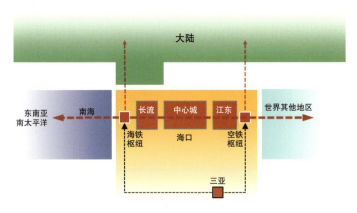

图3　双港视角下的海口城市空间结构

综上所述，我提出几条具体建议，第一，海南必须积极发展公共交通，逐渐减少燃油机动车总量；第二，海南应积极探索共享汽车，率先实现全域电动汽车通行；第三，海口应加快双港建设，促进海口公交优先基础设施体系的尽快形成；第四，以双港为龙头，牵引海口城市产业、经济的持续发展；第五，以双港建设为契机，全面启动海口的城市空间再筑。

总之一句话，"海口应尽快开启双港驱动的城市发展新时代！"①

① 以上内容根据刘武君教授在"海口城市更新论坛（2017.12.29—12.30）"发言录音整理而成。

目 录

序：开启双港驱动的城市发展新时代

1 海港篇——全球首座海铁综合交通枢纽的项目策划 ... 1

1.1 海港 T1+T2+C 组合枢纽项目策划 ... 3
   1.1.1 功能定位与规模 ... 3
   1.1.2 枢纽选址与布局 ... 10
   1.1.3 T2 枢纽开发平衡 ... 18
   1.1.4 项目公司治理 ... 19

1.2 T1 枢纽一体化策划与规划 ... 21
   1.2.1 需求策划 ... 21
   1.2.2 功能一体化 ... 22
   1.2.3 设施一体化 ... 23

1.3 T1 枢纽可持续开发策划 ... 34
   1.3.1 建设运营一体化 ... 34
   1.3.2 项目融资策略 ... 36

2 空港篇——临空产业、空港交通的项目策划与概念方案 ... 39

2.1 海口美兰机场临空经济区产业策划与规划 ... 40
   2.1.1 产业发展目标与策划思路 ... 41
   2.1.2 产业内容及布局 ... 42
   2.1.3 产业推进路径及方式 ... 48

	2.1.4	产业聚焦与推进目标	52
	2.1.5	规划定位与发展战略	54
	2.1.6	空间概念规划	55

2.2 海口美兰机场临空经济区重点产业策划与规划 … 60

	2.2.1	货运发展策略	60
	2.2.2	自贸监管模式	61
	2.2.3	功能业务策划	63
	2.2.4	货量规模预期	66
	2.2.5	总体规划方案	70

2.3 支撑海口美兰机场临空发展的关键要素思考 … 72

	2.3.1	机场发展定位	73
	2.3.2	跑道构型	73
	2.3.3	航站区发展构想	75
	2.3.4	综合交通	78

3 轨道篇——海口市双港快线概念方案研究 … 87

3.1 建设的必要性 … 88
3.2 总体发展思路 … 90

	3.2.1	功能定位	90
	3.2.2	总体原则	91
	3.2.3	多措并举	92

3.3 分期实施方案 … 95

	3.3.1	初期过渡方案	95
	3.3.2	远期方案构思	103

4 城市篇——依托两港一线，重筑海口城市结构 … 109

4.1 案例对标与启发 … 110

	4.1.1	深圳	110
	4.1.2	香港	111
	4.1.3	新加坡	112
	4.1.4	上海	113
	4.1.5	对海口的启发——双港驱动，港城一体化	114

4.2 引导城市交通可持续发展 117
4.3 引导城市服务功能聚合 119
4.4 引导城市空间结构优化 121
4.5 若干工作建议 124

5 结语 125

5.1 海铁枢纽，助推海口新启航 126
5.2 空铁枢纽，助力海口新腾飞 126
5.3 双港快线，构建海口新结构 127

参考文献 128
后　记 130

1　海港篇——全球首座海铁综合交通枢纽的项目策划

在海口新海港项目策划中，我们从一开始就强调世界第一"海铁枢纽"的理念，并始终贯彻"一体化、可持续"的基本原则，将其作为海铁枢纽建设的"目标"和"底线"。

首先是承接战略，推进海陆岛一体化。海口位于大陆与海岛的地理交汇点，决定了其必须担负起陆岛间、本岛内交通一体化整合的首位功能，当前要务是加快面向全岛的综合交通枢纽建设，实现四大功能定位：21世纪海上丝绸之路——南海的"桥头堡"、北部湾——琼州海峡经济带的"新引擎"、海南国际旅游岛——琼北—海澄文的"集结地"、海口——长流国际化海港城的"迎客厅"。

其次是省市联手，面向全岛建设国际首座海铁综合交通枢纽。海铁综合交通枢纽的选址、规模，以及它的发展壮大，都将直接影响海南建设国际旅游岛的步伐，也将直接影响海陆岛一体化的速度。海南未来10年、20年的发展与海港、岛内公共交通发展休戚相关，因此迫切需要海南省的高度关注与支持、海口市各级政府部门的通力协作。按照海口市"双港驱动"发展规划，新海港应当尽快建设面向大陆、南部沿海以及大南海区域的快速海运交通网。伴随海港，同步引入一张覆盖全岛的多层次快速轨道客运网，一方面缩短与海口市域、海澄文各组团的距离，另一方面实现与海岛各方向的便捷连接，实现具有"同城效益"的出行圈，也将真正实现全岛的功能设施共享。

我们研究提出的海南综合交通枢纽规划目标是建成世界上首座海铁综合交通枢纽，集海港（海峡高速客船/客滚船、国内国际邮轮）、铁路（环岛高铁、包海高铁、城际铁、普铁）、城市集疏运系统（城市轨道、旅游巴士、社会巴士、公交巴士、出租车、私家车、网约车）、通用航空等多种交通功能于一体，以2030年为目标，枢纽对外交通总客流量约1.1亿人次，日均客流目标为30万人次以上。

第三，海铁组合，重筑全岛旅游交通与空间结构。海铁组合是实现岛内外交通转换的关键环节，建议确立铁路在全岛旅游交通中的主体地位，通过高铁动车实现游客至岛上旅游目的地的快速接驳，普铁将逐步承担起慢速特色旅游线路功能。做好海铁组合交通，使得铁路客运交通改变岛上游客的出行习惯，重筑全岛旅游交通结构和空间结构，有效引导岛上机动车出行需求，实践生态发展理念。

第四，协调各方，打造枢纽与城市融合发展的新典范。长流组团是海口市着力打造的城市新增长极，随着以枢纽建设为契机的新一轮城市建设的推进，涉及海上客运、旅游产业等的中高端商业商务服务设施将被吸引落户于此。枢纽建成所实现的客运港口、铁路、交通换乘与临港地区一体化，将大量集聚人流，拓展枢纽发展空间，带动国际海港城经济发展，快速提升周边土地价值。

枢纽实施总体思路将遵循投资和运营一体化、可持续发展原则，实现枢纽自身投资和运营费用的平衡。同时建立政府高层协调机制，成立建设指挥部和合资项目公司，承担全生命周期的责任，做到四个一体化，即项目组织一体化、规划一体化、建设一体化、运营一体化。

1.1 海港 T1+T2+C 组合枢纽项目策划

海口市拥有丰富的海岸线资源，这些岸线资源更多地被用于旅游、景观开发，这是海岛型旅游城市的必然选择。但同时我们也清楚地认识到，海口作为海南岛与大陆之间的主要陆岛交通门户，其岸线资源应当为海上交通的港口基础设施预留足够适宜发展的合理空间，才能对全岛的经济持续发展提供可靠保障。因此，在策划海铁枢纽的过程中，结合长远和现实的需求，我们逐步形成了"组合枢纽"的概念，其每个组成部分的分工、服务对象不同，对城市的贡献也不尽相同。

1.1.1 功能定位与规模

1）功能定位

新海港是海口市对外的门户，位于海口市的西端，具备对城市发展产生强大牵引作用的潜力，因此应从源头上认识其来自多个层面的功能需求，这里包含国家层面、地区层面等，我们在研究定位时进行了多层面的思考。

（1）21世纪海上丝绸之路（南海）的"桥头堡"

对接国家宏观战略要求，是海口责无旁贷的职责，而国家拓展境外发展空间需要重要抓手，必须有一个足够能级的交通节点予以支撑，新海港应当成为国家经略南海的重要基地之一（图 1-1）。

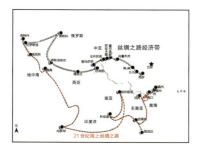
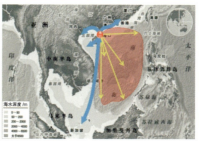

图 1-1 国际视野下的海口区位

（2）琼州海峡经济带的"新引擎"

与相邻省市的合作，需要依托重大项目作为合作平台，引领各自的发展，新海港应当成为承载跨海峡区域的一体化发展平台（图1-2）。

图1-2　琼州海峡、南海视野下的海口区位

（3）海南国际旅游岛的"新门户"

作为海南的商贸交往型城市，海口建设好新海港区这一新门户，可以极大地推动"商"、"旅"互促的新发展，更重要的是能够使得海南岛的海洋门户特色更加鲜明（图1-3）。

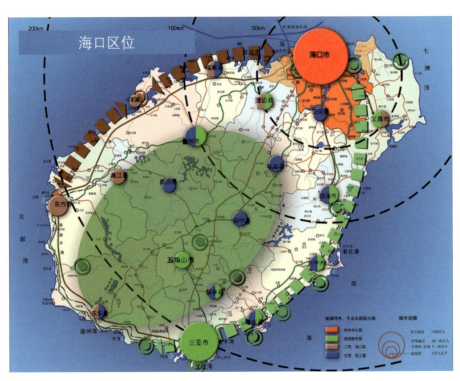

图1-3　海南岛视野下的海口区位

（4）海口（海澄文）的"迎客厅"

海南的资源优良但同时也必须考虑生态发展的边界，需要将更多功能集约化地综合发展，琼北是海南岛面向祖国大陆、面向国际的商贸窗口，必然要承担起汇聚四面八方客人的多重功能。新海港在建设好交通功能的同时，被赋予交往、交流等服务型开发功能，打造成海澄文一体化发展区的"迎客厅"，则将进一步锚固其综合型枢纽地位（图1-4）。

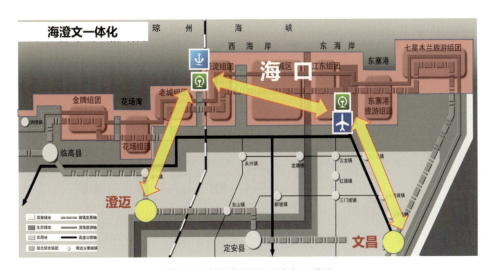

图1-4　海澄文视野下的海口区位

（5）长流组团的"中央商务区（旅游）"

海口呈现东西向带状发展结构，以东中西三个主要组团式发展为引领，其中的长流组团是新海港建设的直接辐射空间，按照以点带面的发展思路，完全可以与新海港形成最便利的对接，打造海口的特色临港新城（图1-5）。

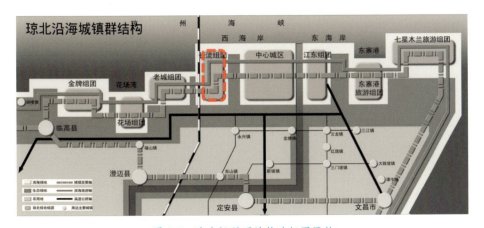

图1-5　琼北视野下的长流组团区位

2）功能构成

按照上述多层面的功能定位目标，一个高能级的综合交通枢纽有待全新规划。我们提出了新海港区海铁枢纽应当将对外交通、对内交通进行全方位整合，这其中又以"海港＋铁路"功能为两大主要核心交通功能，类似于上海虹桥综合交通枢纽"航空＋铁路"功能。两大功能的整合是这个项目最大的特色或者说创新点，也是海南打造对外发展名片的重大机遇。两者结合好了，将能在该地区形成集多重交通出行功能于一体的综合型枢纽，最大限度地为进出岛提供一站式服务（图1-6）。

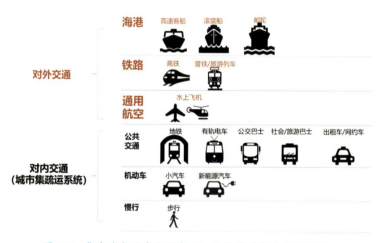

图1-6　集多重交通出行方式于一体的海铁综合交通枢纽

（1）重点突出"海上"交通功能导入

在已有的琼州海峡客滚运输服务基础上，逐步升级，发展出一张联系南海周边甚至更远的海上客运网络，包括陆岛间的高速客船通勤、邮轮靠泊等（图1-7）。

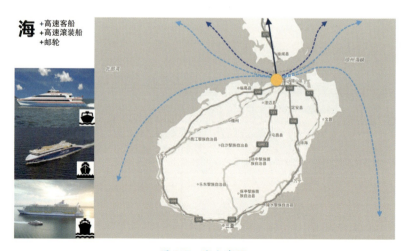

图1-7　海上客运

（2）有效强化"岛上"铁路功能导入

海南岛的天然旅游资源将不断吸引大量游客进出，而且随着海南岛的开发开放，也必将面临大量人员进出的需求，交通的承载力、环境的可持续，这是海南必须思考的问题。因此，我们在策划中提出必须用公共交通对接公共交通的思路来作为海上进出人员在岛上集疏运的骨干方式，很显然以环岛高铁为代表的铁路运输服务能够很好地应对一个超大型门户枢纽面向全岛集散的要求，这也正是我们在策划中特别强调的海铁联运所形成的综合枢纽格局（图1-8）。

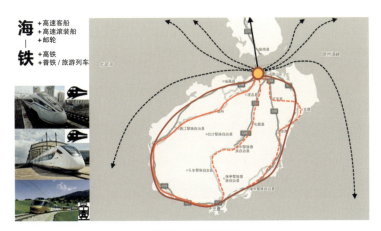

图1-8 海铁联运

（3）创新引入"空中交通"服务

在有了海、铁两大骨干交通服务基础上，应结合国内通用航空的发展趋势，围绕海南的机场体系进行融合发展，建立环岛、点对点旅游航空服务网络，将新海港枢纽纳入体系中，增加枢纽的又一个特色服务内容（图1-9）。

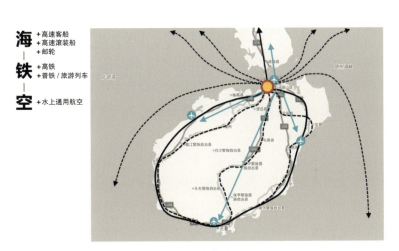

图1-9 海空联运

（4）加强配套"城市交通"服务

应当说前面海、铁、空服务是从外部导流的重要途径，而要对海口市形成足够的牵引作用，就必须重新考虑城市交通的接入规划。新海港区自身已被纳为海口市在城市轨道、城市道路网的重要服务节点，在这个基础上，要将城市轨道选线、城市道路体系规划与枢纽进行统筹，力求做到对外交通流在枢纽能够最高效地换乘各种城市交通（图1-10）。

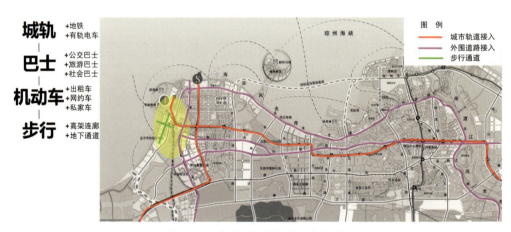

图1-10　海铁枢纽的城市配套交通

3）规模测算

针对以上这些服务引入，我们提出建设一座集多种交通方式于一体的大型海铁综合交通枢纽，包含对外交通的海港、铁路（高铁、普铁）和对内交通的地铁、旅游巴士、社会巴士、公交巴士、出租车、私家车、网约车、水上通用航空等。综合海口市在新海港区已有相关规划成果，考虑前述枢纽功能定位、主要构成内容后，研究提出枢纽的总体规模源头上主要来自海港和铁路。经过多方法的初步预估，对外交通总客流量约1亿人次，日均客流量为30万人次，其中海港吞吐量为3700万人次、铁路处理量为7300万人次（20股道，10个站台）；对内交通总客流量约0.7亿人次，日均客流量为20万人次。以上合计最终日均客流目标为50万人次。枢纽集疏运系统以公共交通为骨干，配置城市轨道交通3~4条、内部捷运系统1条、城市公交巴士等。如表1-1所示。

枢纽所包含的对内、对外交通功能，初步分析包含了56种换乘关系（表1-2），对于不同交通方式的换乘联系，策划研究中也特别予以关注，首要满足海港（高速、高端类）与铁路（高铁）换乘，其次满足与城市轨道交通换乘，这将为后续交通设施规划布局提供重要输入条件。

表 1-1 海铁枢纽容量需求分析　　　　　　　　　　　　　　　（人次）

类型	性质	数据	需求预测法	容量策划法	类比策划法	策划建议
海港	客货滚装	参照	892 万（2016 年）	3000 万	—	3000 万
		建议	1350 万（年增长 3%）	3000 万	—	
	高速客滚	参照	—	300 万（新海）	265 万（2016 年蛇口—九洲） 500 万（秀英）	350 万
		建议	—	300 万	400 万	
	粤海散客	参照	244 万（2016 年）	—	—	250 万
		建议	250 万			
	跨海动车	参照	12 对 /d 动车客流渡海	—	—	800 万
		建议	18 对 /d 动车客流渡海 800 万			
	邮轮	参照	沿海邮轮 3000 万（2015 年全国沿海邮轮港口布局规划方案，7 大始发区域）	360 万（吴淞口）	285 万（2016 年吴淞口） 382 万（2016 年卡纳维拉尔） 550 万（2016 年迈阿密）	300 万
		建议	400 万	350 万	300 万	
铁路	高铁（含环岛、城际）	参照	1120 万（2016 年海口东站，年均增速 18%）	1 亿（深圳北站 20 股道）	—	7000 万
		建议	增速 15%，7900 万	6000 万	—	
	普铁	参照	1.3 万 /d（2017 年春节） 1.1 万 /d（2016 年暑运）	—	—	300 万
		建议	1 万 /d，365 万	—	—	

表 1-2 海铁枢纽交通换乘关系分析

		海港					环岛高铁	高速巴士	高速公路	城市交通			
		客货滚装	高速客滚	跨海普铁	跨海动车	邮轮				轨道交通	常规公交	出租车	私家车
海港	客货滚装	—	—	—	—	★	★★	★	★	★★★	★★	★	★
	高速客滚	—	—	★	★	★★★	★★	★★	★★	★★	★★	★★	★★
	跨海普铁	—	★	—	★	★★	★	★	★★	★★	★	★	
	跨海动车	—	★	★	—	★★★	★★★	★	★	★★★	★	★★	★★
	邮轮	★	★★★	★	★★★	—	★★★	★★	★★	★★★	★	★★	—
环岛高铁		★★	★★	★★	★★★	★★★	—	★	★	★★	★★	★★	★
高速巴士		★	★★	★	★	★★	★	—	—	★★	★★	★	★
高速公路		★	★★	★	★	★★	★	—	—	★★	★★	★	★
城市交通	轨道交通	★★★	★★★	★★	★★★	★★★	★★	★★	—	★★	★★	★	★ (P+R)

续表

		海港				环岛高铁	高速巴士	高速公路	城市交通			
		客货滚装	高速客滚	跨海普铁	跨海动车	邮轮				轨道交通	常规公交	出租车	私家车

		海港					环岛高铁	高速巴士	高速公路	城市交通			
		客货滚装	高速客滚	跨海普铁	跨海动车	邮轮				轨道交通	常规公交	出租车	私家车
城市交通	常规公交	★★	★★	★★	★	★	★★	★	—	★★	★	—	—
	出租车	★	★★	★	★★	★★	★★	★	—	★	—	—	—
	私家车	★	★★	★	★★	—	★★	★	—	★ (P+R)	—	—	—

注：★的数量代表换乘关系的密切程度。

1.1.2 枢纽选址与布局

根据海口城市规划，其港口功能将西移，西面将出现以海港为牵引的增长极（图1-11）。结合海口市的岸线规划，研究提出西面可以建立以三个港口为依托的枢纽，从北向南依次定义为：T1枢纽，主要以新海港的客货滚装业务为主（新海港），作为综合性码头；T2枢纽，可以成为世界首座海铁客运枢纽的最佳选址点，与城市、产业、空间规划对接良好；C枢纽，以货运、集装箱为主的货运枢纽（马村港）。三个枢纽形成海口面向海洋的组合枢纽，其中T1、T2均有服务客运的功能，但从功能细分看，仍然存在T1、T2哪一个定位为综合交通枢纽的选择问题。从城市发展、用地、岸线资源等多个方面考虑，T2作为综合交通枢纽是较优选择。

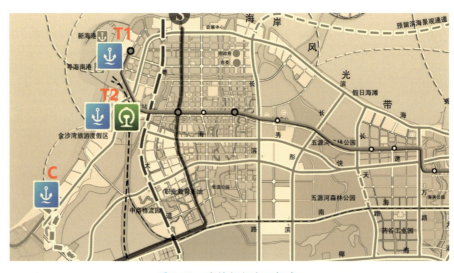

图1-11 海铁枢纽分工概念

为了协调组合枢纽的近远期发展的双重目标，策划中专门研究了T1、T2两者的实施路径，为政府决策影响城市发展的重大基础设施项目建设提供参考。

1）建议实施路径一

按照 T2 作为综合交通枢纽、T1 作为过渡性的交通枢纽的目标，先做 T1，同步启动 T2，抢抓发展机遇，减少过渡期的枢纽建设成本，但同步优化其交通配置，扩充盈利空间。重点是在现有 T1 方案基础上进行交通优化，同时减少投资和施工难度，增加有收益的项目。

T1 枢纽的交通组织是整个项目的核心，在于创新交通组织模式，策划中提出了两个方面的优化思路（图 1-12）。一是，针对 T1 枢纽的公共交通集疏运系统，考虑到公共交通出行的群体会是将来重要的潜在消费群之一，吸引更多旅客使用轨道交通出行，优化大容量的公共交通服务。二是，针对小客车登船过海的组织模式，优化旅客登离船流程，释放更多旅客消费时间；提供足够的小客车车道边，使旅客能最方便地接近商业设施；小客车入库停车，旅客自主选择进离港"时间"。为此，可以调整小车进场流程，由"排队式"登船模式改为"一站式"登船模式。具体流程调整设想如下：

① 随车客与车辆分离：随车客在客运楼陆侧高架车道边分离，步行进入客运楼内。

② 待渡停车：司机直接或在高架车道边与随车客分离后，驾车前往客运楼陆侧停车楼内停车。

③ 购票：司机在停车楼内停车后，即在车位旁的购票设备或手机购票 APP 上，根据港口运营方提供的当日开船计划，为全车人员及车辆购买船票。或者也可由司机在抵达港口之前若干时间之内，为全车人员及车辆购买船票。

④ 司机候船：司机可选择在停车位的车内候船，亦可根据开船时间，自行进入客运楼内候船。

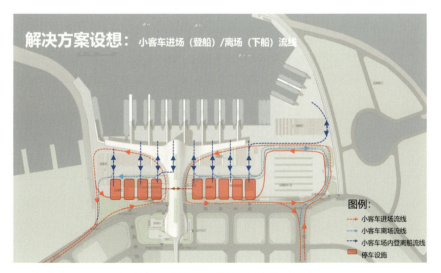

图 1-12　海铁枢纽 T1 交通解决方案概念

⑤ 随车客候船：随车客通过与司机购票关联的取票验证码（短信数字密码或二维码），在客运楼安检之前的自助或人工取票点取票，并根据船票规定的时间，选择是否直接过安检进入客运楼候船区。

⑥ 车辆（含司机）验票登船：司机根据船票规定的登船时间，根据船票或手机APP上的指定行车路径，驾车至指定泊位验票后登船。

⑦ 随车客登船：随车客根据船票规定的登船时间，在客运楼候船区步行前往指定登船口验票后登船。

2）建议实施路径二

按照先做T1、短期不做T2，较长时间把T1作为综合交通枢纽的目标，需要重新调整新海港的港区、城市规划，特别是对交通及邻近区域的规划作调整，提升T1枢纽对于港区的开发带动作用。因此，站在城市角度对于T1重新规划设计，在满足交通功能的前提下，进一步强化交通枢纽对于城市发展的带动作用。如图1-13、图1-14所示。

从长远来看，公共交通出行的群体应当是新海港未来服务的主要对象之一。根据T1枢纽规划的有关资料，配套的相关公共交通设施换乘距离偏长，面向全岛的服务容量不足。考虑到T1需要承担较长时间的交通枢纽功能，因此T1枢纽需要做好项目策划的工作，为规划设计提出新的解决思路，重新梳理T1枢纽建设运营的本质需求，这是T1枢纽获得新发展的关键一步。在策划研究中，我们提出了一些调整思路：集约利用港区用地，实现交通功能与配套商业服务功能的一体化，最大化地利用港区土地的立体开发空间；强化公共交通导入服务，包括大容量的铁路、城市轨道，形成陆侧一体化交通换乘中心（GTC），缩短GTC与客运航站楼的步行换乘距离，提升公共交通作为骨干集疏运系统的吸引力；优化过海小客

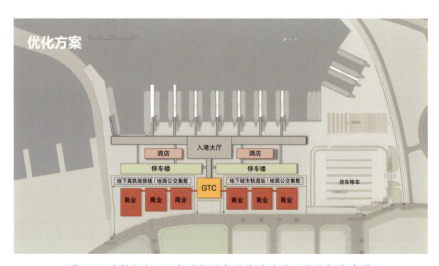

图1-13 海铁枢纽T1交通与服务功能设施的一体化概念布局

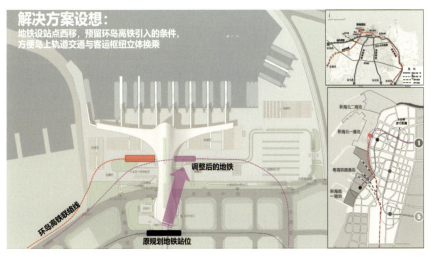

图 1-14 海铁枢纽 T1 引入铁路、地铁的概念方案

车登船流程，通过停车楼进行周转，提升旅客体验；增加交通枢纽配套的商业功能，一方面为交通客流提供相关出行服务，另一方面通过商业功能起到一定的交通缓冲作用，例如当出现旅客滞留等情况时，旅客就近有地方可去，而不是被堵塞在交通设施内；针对 T2 做好城市规划、用地的控制，为将来 T2 的建设发展保留空间。

（1）无论实施路径如何选择，确定适宜海铁枢纽发展的选址是当务之急。

研究枢纽设施规划布局首先是选址问题，结合研究中多方信息沟通，从最有利于实现枢纽功能定位、功能布局、规模落地的角度分析，我们提出了枢纽地区策划范围（图 1-15）。在选址策划中，首要考虑设施一体化，这是 T2 枢纽未来运营成功与否的根本，这就需要实现海港与铁路（高铁）的紧密衔接。根据这个区域的现状及规划情况，依托原海口火车站西侧可以扩充铁路功能，同时其西侧岸线资源条件等能够承载新的大型客运海港功能；其次，周边现有城市用地仍处于政府集中控制中，暂无其他大型项目落地，这有利于 T2 枢纽项目的推进；而从城市规划、空间发展角度，这个区域恰好位于城市发展轴线上，有利于城市形象、发展脉络的形成。因此，依据这些要素综合分析后，策划提出的选址方向是合理的，而且具有足够的发展弹性。

（2）研究 T2 主要核心设施的布局规划，确立枢纽核心区域内部结构关系的基础。

研究的第一步是确定主要交通设施的相对位置关系，海港客运航站楼（如图 1-16 中①所示）、高铁车站（如图 1-16 中②所示）分置于枢纽核心设施的东西两端，在两个设施中间布局多种城市交通换乘的交通中心（如图 1-16 中③所示）。如此布局既可兼顾海港、铁路选址及功能发挥，同时将两个对外交通设施之间的用地

图 1-15　海铁枢纽 T2 范围

图 1-16　海铁枢纽 T2 主要设施概念布局示意

用于城市交通服务，较好地串接了海铁之间的联系以及海、铁分别与城市交通的接驳联系。城市交通包含了多条轨道交通线路、一条联系城市的城市骨干道路，可以形成多样化的城市交通集疏运体系。T2 枢纽核心区设施布局以人为本、运营高效。交通设施核心区域布局概念为平面上形成三大交通功能主体，自西向东依次为海港客运楼、交通中心、铁路车站。如图 1-17、图 1-18 所示。

T2 枢纽的交通中心位于海铁两大对外交通设施之间，将成为客流集散最为集中的功能设施；其上盖可以做好相关开发，包括酒店、商业、休闲等；其两侧可以延伸交通服务，包括停车、租车服务等，在其内部形成多个立体的竖向共享空间

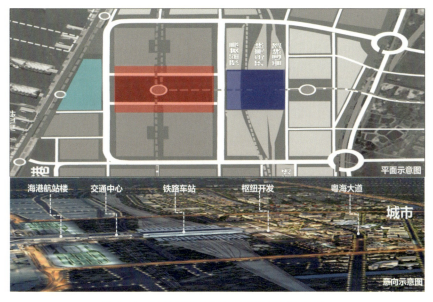

图 1-17　海铁枢纽 T2 核心区域布局概念示意

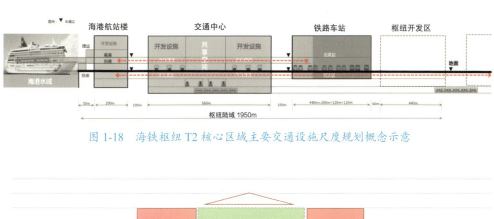

图 1-18　海铁枢纽 T2 核心区域主要交通设施尺度规划概念示意

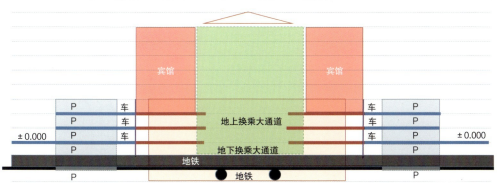

图 1-19　海铁枢纽 T2 核心区域换乘空间与停车空间规划概念示意

（图 1-19）。城市道路体系通过"分层 - 分流"与"单向循环"的道路集疏运组织方式（图 1-20），既能保证海铁枢纽对外交通与城市道路网络进行转换，兼顾上盖开发的交通接驳，同时也可打通交通设施与周边开发区域的交通联系。

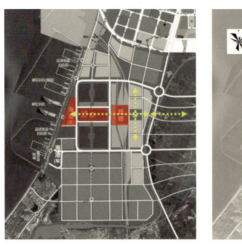

图 1-20　海铁枢纽 T2 核心区域发展轴与集疏运道路系统概念示意

（3）明确 T2 枢纽功能拓展空间，确立枢纽建设与城市一体化发展的目标。

在规划布局过程中，还必须考虑枢纽交通功能周边的辐射带动需要，因此对于周边功能拓展还要根据与枢纽的相对位置关系，形成不同层次的开发功能区域，这里包含了最核心的枢纽功能区（如图 1-21 中红色透明区域所示）、枢纽功能协调区（如图 1-21 中黄色透明区域所示）以及枢纽功能拓展区（如图 1-21 中蓝色透明区域所示）。通过策划不同开发功能区，第一是保证海铁枢纽最核心区域的用地开发容量，只有枢纽有足够的发展空间，整个枢纽地区的成长才有基础；其次，对既有港口设施（新

图 1-21　海铁枢纽 T2 拓展范围示意

海港滚装码头一、二期以及粤海铁设施）区域的发展划定相应范围，最大限度避免现状功能运营矛盾；第三就是确保临港城市空间开发要紧紧依托枢纽功能区，要与枢纽功能区的界面形成多通道、多接口的衔接。

海铁枢纽的建设和发展必须要从投建营一体化的角度来考虑，并不仅仅是为了建枢纽而已。应通过规划路径，确立枢纽周边不同位置的功能用地，将枢纽的外部效益体现到土地价值中。枢纽地区开发有其自身特性，枢纽是产生流量的引擎，有了足够的人流量，周边的开发才具有价值。在用地规划上，充分保障能带来大量人流的交通基础设施的建设用地需要，提供足够的联动开发用地用于枢纽建设平衡是同步需要关注的问题。在具体的开发用地功能组合选择上，应充分考虑不同土地收益资金来源，要以匹配枢纽建设运营的规模、时序为目标。必须在用地上强调交通流量经济对于开发用地中商业、商务等服务性产业用地的倾斜，根据资金需求，在适当位置合理安排住宅型地产开发。如图 1-22 所示。

图 1-22 海铁枢纽 T2 用地规划概念示意

1.1.3 T2 枢纽开发平衡

开发策划重点对"两个平衡"(建设投资平衡、运营投资平衡)的经济账进行了初步测算(图1-23),目标是通过枢纽交通设施建设,带动周边地区土地开发价值的提升,一方面给城市开发带来新动力,另一方面又能解决基础设施建设的巨大投入和长期运营成本的摊销问题。根据测算,海铁枢纽综合体交通设施占地面积为1.1km²(未含铁路站场咽喉区、区间段占地面积),其中平衡交通设施运营成本的开发设施占地面积为0.4 km²,平衡交通设施建设成本的开发设施占地面积为2.79km²。

项目	占地面积(万m²)	容积率	建筑面积(万m²)	投资单价(万元/m²)	投资(亿元)
海港航站楼	16.5	1.5	25	1	25
海港车辆候船等候区	16.4	—	—	—	—
交通中心	28.2	1	28	1	28
铁路车站(站房)	8.8	—	—	—	—
停车楼综合体	41.0	1.5	62	0.5	31
展销综合体	67.4	1	67	0.5	34
休闲娱乐区	21.9	1.5	33		
商务办公区	49.6	1.5	74		
酒店住宿区	5.7	2	11		
居住区	133.3	1.5	200		
合计	388.8				

图1-23 海铁枢纽T2投资平衡用地规模测算

在以上开发规模的总体设定下,针对海铁枢纽综合体投资平衡和运营费用平衡计算,我们分别考虑了保守与乐观估计(保守与乐观估计的差别在于所计算的土地获取成本指标有差异)。枢纽核心设施总投资估计为150亿~200亿元,商务区核心区开发收益为200亿元左右,可以实现投资平衡。枢纽年运营成本约为6亿元,枢纽核心设施内停车楼、商业设施、办公设施等的年收益约为10亿元,能够实现运营费用平衡,并应有盈余。达到上述两个平衡后,不会产生政府债务和长期财务负担,也就是说该海铁枢纽项目在财务上是可持续的。

保守预期的"平衡测算"如表1-3所示,乐观预期的"平衡测算"如表1-4所示。

要支撑开发价值,除了做好上述交通枢纽功能型设施的用地规划外,还必须同步考虑引入何种产业,才能实现与枢纽的双向互动,实现枢纽地区整体开发的价值最大化。从对整个海南、海口乃至新海港区的实际情况和未来发展趋势分析,海铁枢纽最适合的是做大旅游产业链,具体可以包括:集聚服务邮轮、游艇经济的产业链;

表 1-3　海铁枢纽 T2 核心区域平衡测算表（保守）

项目投资		开发收益	年运营成本	年运营收益
土地取得成本	5835 亩 ×1.5×100 万元/亩 =88 亿元	67.4 万 m^2 展销综合体土地 ×400 万元/亩 +71.5 万 m^2 商办开发土地 ×400 万元/亩 +139 万 m^2 住宅土地 ×550 万元/亩 =198 亿元	41 万 m^2 ×800 元/（m^2·年）+62 万 m^2 ×400 元/（m^2·年）=5.8 亿元	31 万 m^2 停车 ×450 元/（m^2·年）+31 万 m^2 商业 ×10 元/（m^2·天）×365 天 =12.7 亿元
市政配套	20 亿元			
设施投资	53 万 m^2 交通设施 ×1 万元/m^2+62 万 m^2 停车楼综合体 ×0.5 万元/m^2=84 亿元			
合计总投资 192 亿元				
总收益 198 亿元 > 总投资 192 亿元			年运营收益 12.7 亿元 > 年运营成本 5.8 亿元	

注：1 亩 =666.67m^2，下同。

表 1-4　海铁枢纽 T2 核心区域平衡测算表（乐观）

项目投资		开发收益	年运营成本	年运营收益
土地取得成本	5835 亩 ×1.5×46 万元/亩 =40 亿元	67.4 万 m^2 展销综合体土地 ×400 万元/亩 +71.5 万 m^2 商办开发土地 ×400 万元/亩 +139 万 m^2 住宅土地 ×550 万元/亩 =198 亿元	41 万 m^2 ×800 元/（m^2·年）+62 万 m^2 ×400 元/（m^2·年）=5.8 亿元	31 万 m^2 停车 ×450 元/（m^2·年）+31 万 m^2 商业 ×10 元/（m^2·天）×365 天 =12.7 亿元
市政配套	20 亿元			
设施投资	53 万 m^2 交通设施 ×1 万元/m^2+62 万 m^2 停车楼综合体 ×0.5 万元/m^2=84 亿元			
合计总投资 144 亿元				
总收益 198 亿元 > 总投资 144 亿元			年运营收益 12.7 亿元 > 年运营成本 5.8 亿元	

全岛旅游产业的信息数据服务；提供旅游设施设备的贸易、金融服务产业；围绕大企业、大旅游、大健康、保税品的会展产业；消费购物的中高端零售业。围绕这些产业链所需要的商业、商务用地应当作为枢纽地区开发主力。

我们在策划中提出了打造"三游+"产业的建议，即打造大型公共邮轮、游船和游艇旅游集聚区，形成航运服务、商贸商务、文化博览、旅游休闲集聚产业区。具体提出：旅游 + 会展产业，围绕国际 / 地区会议、行业 / 企业会议、保税展览等会展与旅游服务业相结合的综合型需求；旅游 + 零售消费产业，利用海南岛得天独厚的离岛免税政策，与旅游紧密结合，促进消费零售业在枢纽地区的集聚；旅游 + 健康产业，提供定制化的健康医疗服务、疗休养产业服务。

1.1.4　项目公司治理

之所以组建枢纽核心设施项目公司，一方面是针对无资金来源的设施，需要其承担融资职能（借还贷等）；另一方面，对于项目而言也需要一个平台发起项目，并承担项目（权责范围内）投资运营平衡；另外，因涉及多个利益主体，需要一个平台协调相关利益。项目公司是利益共同体，有利于形成合力，有利于保证设施的一体化开发建设，从而获得最大的物业价值；有利于最大限度地将投资公共设施所带来的外部收益兑现为实际收益；有利于统一运营，提升物业价值和开发收益。

项目公司建议由港口建设的主要代表港航集团牵头，社会资本和省、市、区国资合资组建。项目公司负责海铁枢纽设施的建设与运营、枢纽地区的建设与开发、市政公用设施的建设与移交（图1-24）。项目公司通过社会化管理与市场化经营，实现自己的可持续发展。

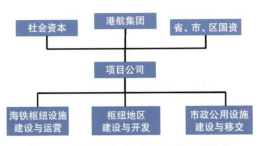

图 1-24 海铁枢纽T2项目公司主体架构

项目公司应按照"投资多元化、管理社会化、经营市场化"的原则，寻找合适的股东单位，可以考虑两类企业："出资"型企业，具有资金优势（拥有必要的现金流）；"出人"型企业，具有人才优势，能够承担长期的运营管理职能（表1-5）。

表 1-5 海铁枢纽 T2 项目公司股东或合作单位的潜在参与企业

"出资"企业的可能来源	"出人"企业的可能来源
■ 大型航空集团 ■ 大型港口集团 ■ 大型邮轮公司 ■ 大型机场集团 ■ 大型旅游企业 ■ 国有投资企业 ■ 大型基础设施承包商/服务商	■ 大型邮轮公司 ■ 大型港口集团 ■ 大型旅游集团 ■ 大型航空集团

项目公司主要职责包括：负责海铁枢纽项目全生命周期的建设与运营，包括融资、征地、规划、设计、建设、开发、运营、还贷等；项目公司是枢纽设施建设与运营的主体，通过统一规划、统一开发，实现"海铁枢纽及其周边地区的一体化"；负责枢纽地区相关设施的建设与开发，享有相应的开发收益；秉承"投资多元化、管理社会化、经营市场化"的原则，实现项目公司的可持续发展。

1.2　T1 枢纽一体化策划与规划

在 T1 枢纽策划时，为顺应海南省提出的自贸岛建设条件下新海港配置口岸功能的目标要求，在现状港区码头内车流、客流的生产工艺流程组织模式基础上，我们对 T1 枢纽的交通、综合开发进行了新一轮系统化的整合研究。

1.2.1　需求策划

在未考虑设置口岸因素的情况下，结合相关资料，预计 T1 枢纽客流潜在规模很大，基础需求数据显示 2030 年客运量将达到 1800 万～2000 万人次，车流量达到 270 万～300 万辆。从客流结构来看，2016 年的交通方式分担数据显示小汽车高端客占比为 28%，以自驾游为主的小汽车客近 3 年年均增幅为 35%，而其中广东地区客源约占 18%。从客源现有特征及未来趋势分析，针对客源的综合价值开发具有较大的可挖掘空间，关键要针对旅客结构配以相应的商业结构，提供相适应的消费供给。一般而言，过海旅客中的自驾车旅客消费购物欲望较强，但需要针对开车旅客的消费行为特征，为其设置便捷的流程以促进消费。

另外，策划中还很关注客流分布时间。现状新海港的客流时间不均衡性十分突出，小汽车客出行的不均衡性十分突出。策划提出枢纽定义为门户，就应该是面向"全天候"、"全年"市场，而不是仅仅瞄准节假日市场。这样带来的第一个好处就是商业价值是持续的，不会有巨大的"峰谷"式差异，第二个好处便是能够提高配套的交通集散设施的利用率（表 1-6）。

若考虑引入口岸因素，通过类比相似项目（港珠澳大桥珠海口岸）的情况，与珠海口岸项目相比，新海港口岸具有更大的成长性，特别是面向国际、地区、大陆的多重市场，因此需要匹配足够的发展空间，其枢纽设施规模总量规划目标应高于珠海口岸枢纽。

表 1-6　口岸需求对标分析

辐射区域←枢纽→自贸港	年客运量	年货车量
珠江西岸←珠海口岸→香港	5600 万人次	800 万车次
大陆/南海/东南亚←新海口岸→海南岛	7000 万～8000 万人次	900 万～1000 万车次

通过分析，T1 枢纽为适应口岸发展要求，方案需做系统性调整、多方协调，同时新海滚装码头客运枢纽难以独立承担自贸区/自贸港对外口岸的长远发展，关键是容量发展有限，难以支撑双港驱动战略在海港落地。因此，策划分析提出有必

要将海铁枢纽的功能进行组合式布局,即回到"T1+T2+C"组合枢纽概念,从整个西海岸岸线视角重新考虑海铁枢纽布局,三大枢纽的功能定位与承担规模如图1-25所示。

图1-25　海铁枢纽T1、T2、C三大组成部分容量需求布局概念

1.2.2　功能一体化

策划中提出了T1枢纽功能一体化目标,即"打造枢纽服务经济、支撑枢纽经济可持续发展"。

所谓枢纽服务经济,就是要充分实现港(枢纽)、产、城三者的融合发展。针对T1枢纽的主要核心功能包含内外交通中枢的"交通功能"、全岛旅游与口岸贸易的"产业功能",通过客货联动、海铁联动,发展大枢纽、大临港,实现与城市发展的一体化,驱动陆—岛—海的门户发展(图1-26),推进长流组团的会客厅(临港长流)建设,同时带动海澄文一体化的"澄迈"方向的新发展。

在产业方面,一是聚焦服务"客"的方向,包括交通服务产业,例如往来陆岛的客群(汽车+高铁);旅游服务产业,构建海上旅游的大本营,例如海上巡游(北部湾、西沙群岛、环岛岸线游)。二是聚焦服务"货"的方向,围绕口岸物流供应链的特定环节或要素提供服务。我们调研了2016年由新海港进出岛的货物类别情况(表1-7),其中涉及生鲜的农产品占比较大,这部分围绕冷链的物流有较大的市场发展需求。而进岛物资中"其他"类物资占比约七成,由于数据调研时缺少进一步详细分类数据,据我们分析应当是散件货物为主,其中入岛的快递货物应当支撑了相当一部分的份额。

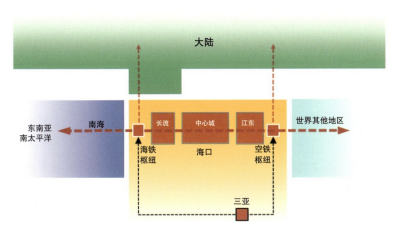

图 1-26 海铁枢纽面向不同区域的格局概念示意

表 1-7 进出岛货物分货类统计表（2016 年数据）

(a) 2016 年进岛货物分货类统计表

进岛货物类别	运输量（万 t）	占百分比
农林牧渔业产品	218.2	13.42%
机械设备及电器	130.6	8.04%
轻工、医药产品	84.4	5.19%
钢铁	14.3	0.88%
矿物性建筑材料	11.8	0.73%
木材	10.4	0.64%
化学肥料及农药	3	0.19%
粮食	2.2	0.14%
水泥	1.6	0.10%
煤炭及制品	1.2	0.08%
石油化工原料及制品	0.4	0.02%
金属矿石	0.2	0.01%
其他	1147.2	70.57%
合计	1625.6	100.00%

(b) 2016 年出岛货物分货类统计表

出岛货物类别	运输量（万 t）	占百分比	增长幅度
鲜活农产品	894.4	64.20%	7.50%
废品类	183.7	13.20%	11.50%
木材	107.8	7.70%	53.30%
轻工产品	55.3	4.00%	28.10%
建筑材料	33.3	2.40%	36.20%
钢铁	26.2	1.90%	−12%
电器及机械设备	9.8	0.70%	−7.80%
化工类烈性危险品	5.2	0.40%	15.20%
交通运输工具	4.6	0.30%	−48.90%
化学肥料及农药	3.9	0.30%	46.20%
粮食	2.7	0.20%	141.30%
金属矿石	2.1	0.20%	116.00%
其他	65	4.70%	116.70%
合计	1393.9	100%	—

1.2.3 设施一体化

基于设施一体化的策划原则，T1 枢纽发展要实现口岸 - 交通 - 开发一体化，一方面支撑枢纽运营可持续，另一方面将其培育成能为城市建设输血的"摇钱树"。策划提出了相关创新策略以适应这些要求，包括革新车客关联模式，合理增加客流在 T1 枢纽中的商业接触面；后置口岸旅客查验，扩充 T1 枢纽的高价值商业空间；实现同一建筑内的步行可达，提升 T1 枢纽内的出行消费体验；优化港城双向导流，培育 T1 枢纽周边的临港土地价值。为此，我们提出了几个具体的一体化策略。

1）港城交通一体化

在基本交通功能得到保证的前提下，应让更多交通功能被港口和城市所共享，以激发流量经济在此交汇所产生的新价值。

（1）交通设施主要功能区结构设置

基于港珠澳大桥珠海口岸的项目策划、规划经验，我们认为新海港承担口岸功能后，港区总体布局应进行大范围调整，增加货检、待检设施用地。建议将客运功能区放置于中间，进出岛货运功能区（含货检）分置于客运功能区两侧（图 1-27）。

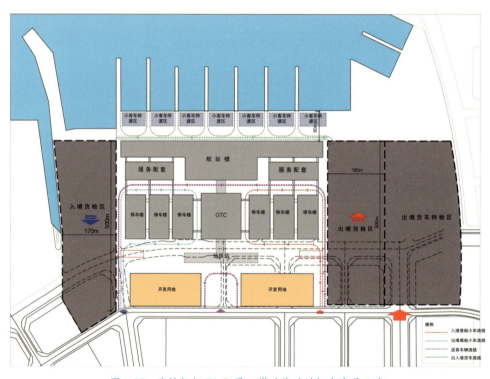

图 1-27　海铁枢纽 T1 配置口岸功能后的概念布局示意

（2）交通设施用地规模配置

按照承担口岸功能目标，为满足更多功能需求，同时考虑交通一体化开发需求，新海港港区应增加相应用地。相比原来未考虑口岸功能的规划报建方案，策划提出的建议概念方案新增用地约 22.5hm^2（图 1-28）。

（3）交通功能调整建议

① 提升港池泊位能力，尽快整合现有新海港港池南北两端既有或规划泊位，

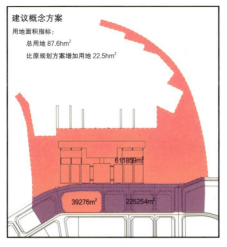

图 1-28　海铁枢纽 T1 配置口岸功能后新增用地需求示意

实现统筹使用（图 1-29）；

② 提升客运楼处理能力，客运楼前增加停车楼综合体，GTC 移至楼前，增加港区的旅客处理能力（图 1-30）；

③ 拓展陆域纵深空间（图 1-31），因纵深不足将极大影响交通设施容量，现有纵深也无法布置相关口岸货检功能区；

④ 客运楼两侧进出岛货检区突破 T1 港区原规划范围；

⑤ 轨道交通车站规划设置于 GTC 楼前，最大限度地缩短大容量公共交通与港口客运设施的距离（图 1-32）。

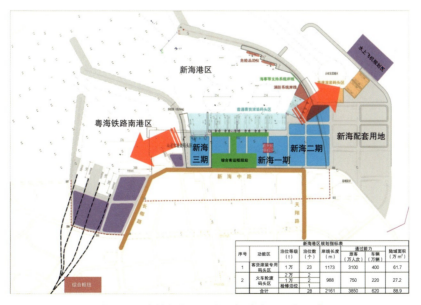

图 1-29　海铁枢纽 T1 泊位合并使用运行示意

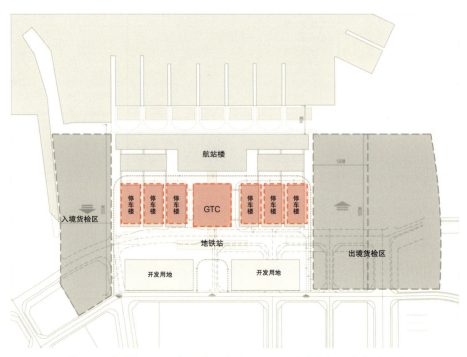

图 1-30 海铁枢纽 T1 交通接驳系统（GTC+停车楼）配置布局示意

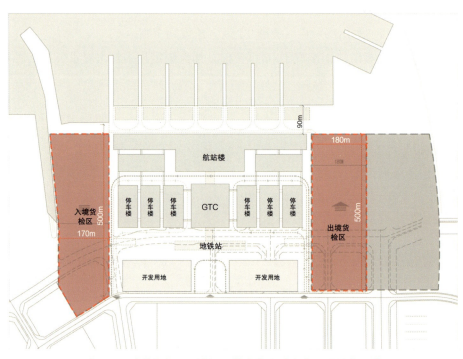

图 1-31 海铁枢纽 T1 增加口岸功能后的陆域纵深调整示意

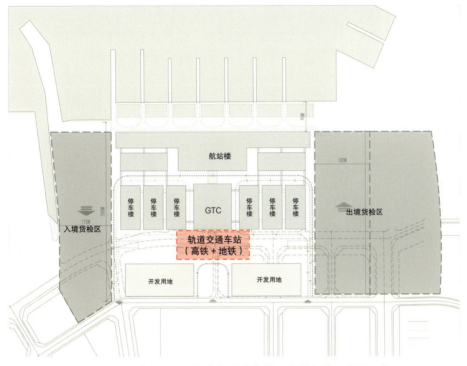

图 1-32　海铁枢纽 T1 轨道系统（高铁 + 地铁）接入位置示意

（4）货运车流的对外衔接

货运系统在离岛方向应设两套，以有效提高枢纽运行可靠性，其中离岛方向"南进"为主系统，"北进"为辅系统，入岛方向则集中于"南出"（图 1-33）。离岛方

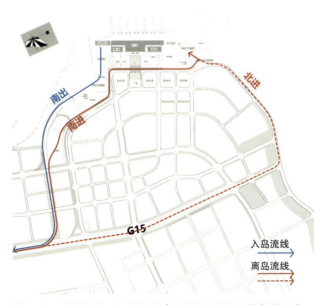

图 1-33　海铁枢纽 T1 货运离岛方向的两个通道布局示意

向两套货运系统的使用可区分服务类型，例如区分标准货车和超限货车，或区分预约货车和非预约货车。货车进入离岛查验区后，流线以右转向为主，查验放行后，可直接进入指定泊位前沿登船；货车离船登岸后的流线以右转向为主，进入口岸入岛查验区（图 1-34）。

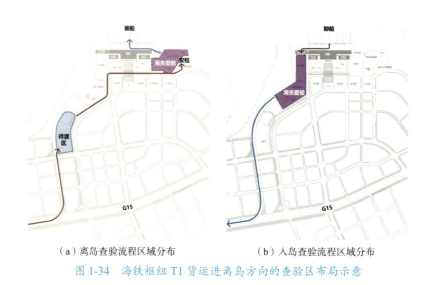

（a）离岛查验流程区域分布　　　　　（b）入岛查验流程区域分布

图 1-34　海铁枢纽 T1 货运进离岛方向的查验区布局示意

（5）客运车流的对外衔接

客运系统应与城市道路系统对接，增加客车与城市的融合度，提升枢纽楼前配套功能区价值。道路交通采取单向循环模式；车客分离采用"多车道边"系统；客车直接接入航站楼楼前或停车楼车道边；车客汇合采用"多车道边"系统；随车客进入停车区与车辆汇合（图 1-35）。

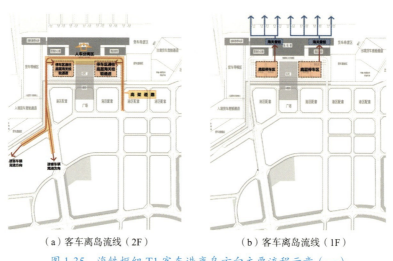

（a）客车离岛流线（2F）　　　　　（b）客车离岛流线（1F）

图 1-35　海铁枢纽 T1 客车进离岛方向主要流程示意（一）

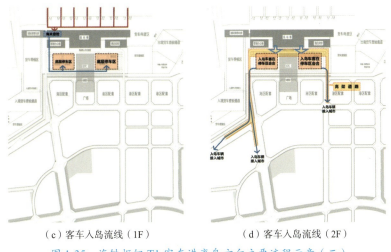

（c）客车入岛流线（1F）　　　　　（d）客车入岛流线（2F）

图1-35　海铁枢纽T1客车进离岛方向主要流程示意（二）

（6）公共交通流程组织

GTC成为联系港区与城市开发区的转换点，各公共交通方式通过GTC内竖向交通至相应楼层，进出航站楼或陆侧开发设施（图1-36）。

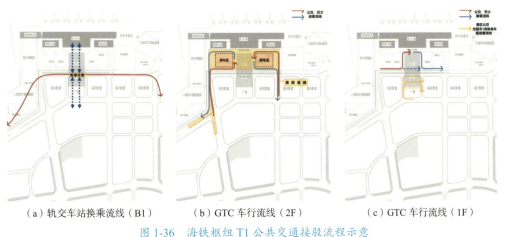

（a）轨交车站换乘流线（B1）　　　（b）GTC车行流线（2F）　　　（c）GTC车行流线（1F）

图1-36　海铁枢纽T1公共交通接驳流程示意

2）港城产业一体化

从临港产业特征、产业链逻辑的角度，应在交通枢纽核心区、毗邻区等布局相应的产业类型，实现客、货流的有序流动。临港产业是枢纽与城市的纽带，需形成双向渗透的关系，做好港城产业一体化规划，构建区域性开发价值的产业链成长空间（图1-37）。

（1）面向旅游

在距离航站楼最近的区域，由近及远可依次布局免税购物休闲综合功能区、海

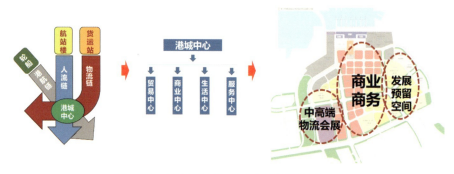

图 1-37　海铁枢纽 T1 公共交通接驳流程示意

南风情休闲功能区（特色的城市休闲经济）、海口新的消费中心（宜家、红星美凯龙等居家消费综合体）、文化博览功能区（中国文化展示窗口）及主题文创娱乐功能区，形成一条非常清晰的东西向的旅游开发轴，方便旅客识别，大力促进区域内的步行交通系统（图 1-38）。

图 1-38　海铁枢纽 T1 周边开发分布示意（旅游相关产业发展轴）

围绕引领"全岛游+"产业：集聚服务邮轮、游艇经济的产业链，打造大型公共邮轮、游船旅游集聚区，形成航运服务、商贸商务、文化博览、旅游休闲集聚产业区。吸引全岛旅游产业的信息数据服务业入驻，为国内外旅游龙头企业的总部办公提供服务，并在此发展与旅游业相关度颇高的会展业，推动更多产业在此交互，以进一步集聚人气，营造更具活力的商业氛围。

围绕旅游"枢纽服务"产业：打造一站式的旅游枢纽功能，覆盖游客的吃、住、行、玩、购等需求，提供主题乐园、海南民俗、环岛特色岸线旅游信息，提升零售消费的产业集聚，特别是消费购物的中高端零售业，例如免税零售等（图1-39）。

图1-39　离岛免税消费购物

（2）面向口岸贸易

在口岸贸易方向的选择中，可以利用好海南岛、南海面向祖国大陆乃至整个东南亚地区物流集散的门户地位，重点抓好高品质冷链物流的配套建设，建立大宗海鲜生鲜贸易交易平台及关联业态（图1-40）。依托交通枢纽的商务服务产业集聚，拓展交通枢纽的商务配套服务，包括办公、SOHO、交通、酒店、餐饮、休闲等服务，可以将海峡渡轮、南海邮轮、国际/地区海运相关企业的商务服务作为重点服务对象，向港口航运金融、保险、交易、担保、咨询等上游产业集聚，为口岸贸易提供必要的中小型会展服务。

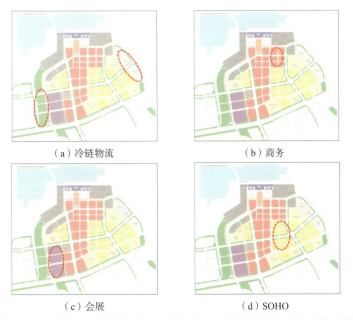

(a) 冷链物流　　　　　　　　　(b) 商务

(c) 会展　　　　　　　　　(d) SOHO

图1-40　海铁枢纽T1周边开发分布示意（口岸贸易相关产业发展组团）

（3）面向自贸区/自贸港新兴产业功能

应在陆岛门户保留一定量的特定发展留白，为口岸型特有产业的发展创造可能性（图1-41）。

图1-41　海铁枢纽T1周边开发分布示意（预留发展产业组团）

3）枢纽核心区设施一体化

应抓住枢纽中客流最密集、出行最方便的空间，自然也是最具价值的地段，要将这些区域的价值与枢纽开发建设紧紧捆绑在一起，这是兑现枢纽外部效益的关键所在。

在海南自贸区（港）政策引导下，枢纽将成为口岸。为了有效提升枢纽的综合价值，策划中特别提出了合理界定枢纽核心区关内与关外界限的思路，即在枢纽核心设施中要提供更多"关外空间"，为交通流转化为消费流提供更多可利用的复合型空间（图1-42）。例如，航站楼前的停车楼是配套设施，位于港区与城市之间，可以"综合"利用。

图1-42　海铁枢纽T1交通设施与开发设施界面示意（右图中以红色实线区分关内与关外）

与航站楼的距离，将成为决定地块价值的关键要素。策划中配套开发的地块，与枢纽相隔一条马路，利用空中、地下的联系通道，可增加交通旅客进出配套开发设施的概率,这些地块也是枢纽最具开发价值的区域(图1-43)。策划提出了打造"混合型"空间的设想,这是提升枢纽邻近地块价值的关键所在,通过功能的渗透,创造价值空间,但这些要建立在一定的利益共享机制基础之上。

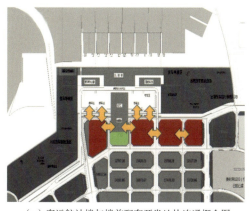 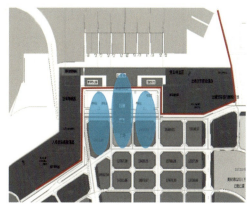

(a) 客运航站楼与楼前配套开发地块连通概念图　　(b) 客运航站楼与楼前配套开发地块空间叠合概念图

图1-43　海铁枢纽T1核心区域交通与开发功能空间连通、叠合布局示意

枢纽区域一体化开发原则应当立足当前、着眼长远,提早规划、主动引导,创造互动空间,争取更大的区域整体开发价值。枢纽核心区设施一体化开发原则,应该实现使用者在出行的同时,具备选择消费的可能性;运营者在运行的同时,合理争取流量收益。

对于区域一体化开发的布局设想,策划认为在枢纽可直接影响辐射的区域,打通交通与开发的使用"边界",统筹临港产业整体开发,创造区域开发集聚效应(图1-44)。对于枢纽核心区一体化开发布局,策划认为应当由单一客运交通设施,转变为多功能设施群。

(a) 海铁枢纽与临港开发区域结构关系概念图　　(b) 客运航站楼与楼前开发区域平面布局概念图

图1-44　海铁枢纽T1区域的交通与开发设施的整合布局示意

T1 枢纽以"全岛旅游驿站"和"客货口岸服务"两大主题为指引，在枢纽核心区（GTC 周边 500m 步行范围内）建议主要功能业态设施包括交通服务业、旅客服务业、口岸服务业等（图 1-45）。这些设施需要承担一定的公共职能，不是纯市场化设施，属于准公共服务产品，应纳入新 T1 综合交通枢纽的基本功能范畴。策划认为以上服务业设施规划选址，应最大限度地与枢纽航站楼一体化设置，越近越好！

  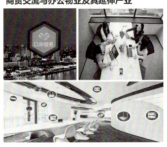

图 1-45　海铁枢纽 T1 楼前区域的主要产业功能

1.3　T1 枢纽可持续开发策划

交通枢纽属于大型城市基础设施，其核心要务就是要求工程项目在财务上是可持续的，分为两个方面，即"投资与开发平衡"、"运行与经营平衡"。要保证财务可持续，在枢纽规划阶段，就需要提前做好基础功能设施、开发功能设施的组合与界面划分，为交通枢纽的建设、运营提供充足的资金来源保障，追求自身的可持续发展，对于政府而言可以不再新增财政压力。

1.3.1　建设运营一体化

综合交通枢纽的建设会带来大量的临港产业集聚，将使得综合交通枢纽本身及其周围地区物业的商业价值在短期内得到巨大提升，只要设计好一个开发模式，将这些由于综合交通枢纽建设与运营所带来的开发利益回收一部分，就有可能在投入与产出间建立起平衡。

如果综合交通枢纽的建设投资能够与其周边土地的开发找到平衡的话，"财务可持续"的任务就完成了一半。剩下的另一半任务就是要将综合交通枢纽的交通功能设施与适当规模的商业服务设施"捆绑"在一起,一体化建设与运营,并使这些交通运行设施的运行成本与商业服务设施的经营收益能够平衡。

根据"两个平衡"的测算方法,首先对涉及的相关设施、开发设施的投资成本进行估算;初步划定需要解决投资平衡的用地范围,根据 T1 枢纽的情况,约需 0.54km^2 的用地(不含道路、绿化面积,如图 1-46 红色虚线所示开发范围);进一步梳理每大类设施投资所对应的平衡用地规模(图 1-47);在此基础上,对每类设施对应的平衡投资用地的开发规模进行测算(图 1-48),根据 T1 枢纽的情况,总开发量需要达到 238 万 m^2,包含商业办公和酒店住宅开发。

区域	占地面积(万 m^2)	容积率	建筑面积(万 m^2)	投资单价(万元/m^2)	投资(亿元)
客运枢纽站	4.45	2	8.9	1.2	10.68
货检区	32.80	—	4	—	3.0
GTC 广场	1.07	—	—	—	—
GTC 楼	3.23	2	6.46	1.0	6.46
港口停车场	20.36	—	—	—	—
管理办公楼	0.70	2	1.4	0.4	0.56
辅助生产区	9.93	—	—	—	—
配套停车楼	2.56	4	10.24	0.2	2.05
配套酒店	0.84	5	4.20	0.3	1.26
港区配套区	15.04	—	—	—	—
商业商办区	38.49	4~5	177.47	—	—
酒店住宅区	15.09	4	60.34	—	—
合计	144.56				

图 1-46 海铁枢纽 T1 投资平衡的开发规模测算

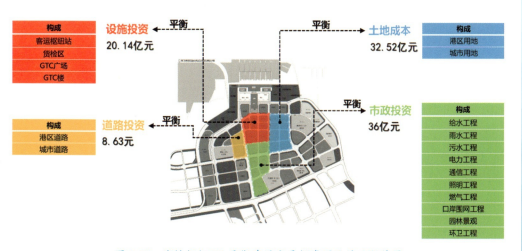

图 1-47 海铁枢纽 T1 平衡建设主要投资项目的工程范围

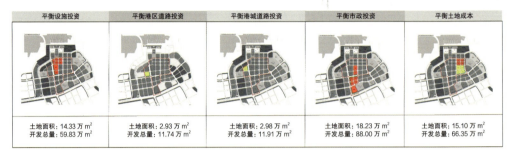

图 1-48　海铁枢纽 T1 平衡建设主要投资项目所对应的土地开发量

T1 枢纽投资平衡和运营费用平衡计算如表 1-8 所示。

表 1-8　海铁枢纽 T1 核心区设施建设运营平衡测算表

项目投资		开发收益	年运营成本	年运营收益
土地取得成本	2168 亩 ×1.5×100 万元/亩 =32.52 亿元	177.47 万 m^2 商业/商办开发量 ×4000 元/m^2+60.34 万 m^2 住宅开发量 ×5000/m^2=99.01 亿元	枢纽公共建筑设施运营成本（包括客运楼、货检区、GTC）；19.36 万 m^2×1000 元/(m^2·年)+10.24 万 m^2×400 元/(m^2·年)=2.35 亿元 枢纽市政配套设施运营成本：暂估 0.5 亿元	10.24 万 m^2 配套停车楼 ×450 元/(m^2·年)+3.07 万 m^2 客运枢纽站及 GTC 楼内商业 ×12 元/(m^2·d)×365d+配套酒店 2 座 ×1200 万元/年+配套办公开发量 11 万 m^2×600 元/(m^2·年)=2.86 亿元
港区道路	4.07 亿元			
港城道路	4.58 亿元			
市政配套	36 亿元			
设施投资	20.14 亿元（客运枢纽站 10.68 亿元+货检区设施 3 亿元+GTC 楼 6.46 亿元）			
合计总投资 97.31 亿元				
总收益 99.01 亿元 > 总投资 97.31 亿元			年运营收益 2.86 亿元 > 年运营成本 2.85 亿元	

注：开发收益单价指标参照海口市 2018 年发布的《海口市城区土地定级及基准地价评估成果》（计算基准日为 2017 年 1 月 1 日），粤海北片区住宅用地楼面地价为 2300 元/m^2、商办用地楼面地价为 1900 元/m^2。考虑到枢纽港城特殊区位优势、交通便捷、人流密集等因素，港城范围的土地收益计算基数标准为：住宅用地楼面地价按 5000 元/m^2、商办用地楼面地价按 4000 元/m^2 计。

1.3.2　项目融资策略

开发的目标就是实现资金平衡，资金来源渠道可多元化，包括自有资金、土地开发权益、社会融资、政府财政等。不同的投资目标，决定项目公司对资金平衡的设定方案。本次策划提出三层次目标。

1）低目标：自循环，运营不给政府增加财政压力

由项目公司承担枢纽运营成本，至少保障枢纽功能运行的财务可持续，但同时放弃潜在的投资收益。低目标特征：单平衡，低收益，低风险。参见图 1-49、图 1-50。

2）中目标：无包袱，建设和运营均不给政府增加财政压力

由项目公司完全承担枢纽建设投资偿还、枢纽运营成本的责任，获得潜在的投资收益。中目标特征：双平衡，高收益，有风险。参见图 1-51、图 1-52。

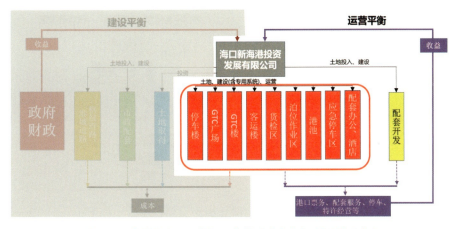

图 1-49　海铁枢纽 T1 平衡运营费用的框架机制（低目标）

图 1-50　海铁枢纽 T1 平衡运营费用所对应的配套土地开发范围（低目标）

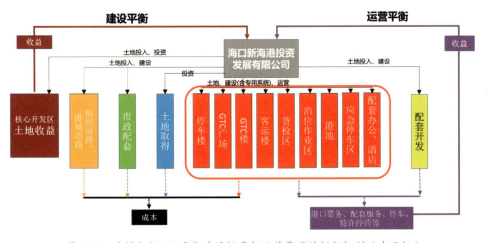

图 1-51　海铁枢纽 T1 平衡建设投资与运营费用的框架机制（中目标）

图 1-52 海铁枢纽 T1 平衡建设投资与运营费用所对应的土地开发范围（中目标）

3）高目标：在保证前两个目标落实基础上，为政府带来额外的收益

由项目公司完全承担枢纽建设投资偿还、枢纽运营成本的责任，并承担枢纽周边区域的市政配套项目，提升区域开发价值。高目标特征：提升区域优势，改变地段价值。参见图 1-53。

图 1-53 海铁枢纽 T1 平衡建设投资与运营费用所对应的土地开发范围（高目标）

2 空港篇——临空产业、空港交通的项目策划与概念方案

近年来，中国航空业迎来了前所未有的战略发展机遇，国际影响力正在逐步扩大，中国已发展成为全球第二大航空市场，航空业务量增量稳居全球第一。

海口地处华南与南海交汇处，是海南省重要的中心城市。海口美兰机场临空经济区位于城市东部，发展范围涉及美兰机场及周边的灵山片区、灵山西片区、桂林洋临空港产业园区、大学城片区等多个规划区块。由于产业研究涉及面较广，本次研究是产业发展前期研究的第一步，因此选择以定性的方向策略研究为主。研究分析了影响美兰机场临空经济发展的根本问题在于平台机制不顺，海口市政府对于临空经济的发展主导力偏弱；针对海口城市发展面临的新机遇、新要求，对照一般临空产业链发展的规律，寻找海口诉求 - 美兰特征 - 临空规律三者的交集点，重点提出了以物流 - 智造产业体系、商务 - 旅游产业体系、自贸新兴产业体系为三大主打发展方向的产业发展总体思路，对物流体系的发展提出了围绕快递、跨境电商、冷链发展的产业细分发展方向建议，对商务体系的发展提出了重点打造临空会展及相关配套服务的产业细分发展方向建议。

研究的重要目标之一是为进一步强化城市规划对临空经济区空间的控制及引导，发挥前置依据与支撑作用，力求打开原有片区的产业布局思路，打通临空产业的相关产业链，理顺园区管理及运营思路，将美兰临空经济区打造成为新时期临空经济发展的先行示范区，成为新时代海南全面深化改革开放的门户枢纽和城市发展引擎。

根据美兰机场现状，临空产业处于需要快速起步的发展阶段，即需要培育市场，建议采用政府主导的平台，以国资背景的企业控股开发平台企业的运作，以确保政府公共职能在一定发展时期内发挥主导作用，提高推进效率。市场环境逐步成熟后，再逐步转型，向更具有市场活力的平台机制转变，例如混合所有制的平台企业架构。

2.1 海口美兰机场临空经济区产业策划与规划

对于临空经济区这样大规模的超大园区型产业策划，从一开始就要对其产业发展的本质有清晰的认识。临空经济区涉及的产业内容多，有些是政府要完全承担的，有些是通过市场就能解决的，还有些需要政府主导和市场参与相结合的，绝不是单靠某一个主体或者单个项目就能持续推进的。因此，产业策划要研究的是什么类型的产业适合引入（大方向的问题），需要配置什么样的机制来保障（解决项目治理的问题）。而产业规划则是要基于临空产业的布局规律，以充分保障机场功能设施为前置条件，并在规模上进行合理的控制、留白，重点是解决产业空间总体布局以及这些空间内部与外部联系的交通体系等重大原则问题。还有一个很重要的观点是，临空经济区产业策划的目标和规模是与机场发展战略密切相关的,有什么样的机场才会有什么样的临空经济区。

2.1.1 产业发展目标与策划思路

策划研究提出的美兰临空经济区的发展目标是空港枢纽带动、港产联动发展、港城紧密结合,旨在规划建设港产城高度一体化发展的临空经济区,将其打造成为符合海南国家战略的核心平台、双港驱动城市发展的临空特色产业区的重要载体、引领海口东部地区经济社会发展的重大引擎。针对产业策划基本思路则提出了基于"城市发展诉求"、"临空产业规律"和"美兰空港特征"三大要素交集,构建特色临空产业。其中城市发展诉求,着重关注国家"一带一路"战略支点、双港驱动发展战略、国际旅游岛、自贸区/自贸港政策落地等利好政策环境;临空产业规律方面,必须遵循航空、物流、商务交流、文化娱乐生活四大临空产业链发展规律以及产业链间的关联、与城市发展的互动;紧密结合美兰空港发展特征,抓住现状客货增长趋势、已有临空产业态势,衔接机场周边区域发展。

通过研究和访谈,产业策划方向选择以机场为核心,大力发展航空产业,具体可分为以下四个方向:以航站区为核心,向外延伸商务交流产业;以货运区为龙头,向外延伸物流产业;机务区向外延伸航空器检测、维修、改装,以及机上用品供应等产业;工作区向外延伸办公、商务、商业、生活、居住等产业。但在这四个方向中,并不是所有的都适合美兰机场的发展,而要寻找美兰机场临空经济区产业的现实突破点。因此,策划中建议的美兰机场临空产业发展的选择如下:

(1)全力发展商务交流产业,重点打造总部经济,建成美兰机场临空商务区。应发展具有采购、分拨、营销、结算、物流等单一或综合贸易功能的总部机构,以及基于互联网等信息技术从事交易或提供配套服务的平台型贸易企业总部,构建集国际采购、贸易金融、跨国结算、专业市场、商贸展销、服务贸易、电子商务等于一体的贸易型总部基地,成为面向世界,服务21世纪海上丝绸之路、服务南海开发、服务区域,支撑海南自贸区的重要载体。依托国际旅游岛全产业链,在总部经济基地发展旅游服务总部功能,包括发展酒店住宿、购物(免税)、旅游产品、休闲娱乐、健康医疗、交通、票务保险等旅游服务总部机构。重点发展会展功能业态,搭建商务交流、展示展销硬件设施平台,促进商务交流产业链、物流产业链的互动与升级,发展集展览、会议、活动、商业、办公、酒店等多种业态的会展中心,立足"空中门户",服务地区,面向世界,积极主办、合办和承办境内外展览、会议和大型活动等。经营管理办公及配套商业服务、展台搭建、广告设计、展览咨询、出版资讯、电子商务、仓储物流、餐饮服务等,并形成与航空业态充分结合、展览与销售结合、交易与运输结合的态势,与海口其他会展设施"错位"发展。

（2）大力发展航空物流产业，培育新型物流产业链、高附加值制造业，打造临空经济发展的"引擎"。应发展航空快递，打造临空经济发展"引擎"，培育新型航空物流，促进海南产业升级。充分挖掘海南热带资源、旅游消费市场优势，大力发展电商物流。设立电商展销中心，延伸机场货站业务链，为货主提供商品展销、消费者体验的场所，缩短商品到达消费者的流程，拉近商品与消费者之间的距离，为商品销售提供推广平台。为各种电商平台提供保税、商品展示、广告、体验式销售服务。利用自由贸易政策优势，发展航空快递中转业务。利用医药优惠政策和热带资源优势，发展冷链物流。依托海南热带海鲜、热带水果资源优势，发展航空冷链物流，搭建冷链处理中心，同时可接受食品、药品、冷藏货、冷冻货、鲜花、肉、药品等货物。依托大学城，发展科技研发、产业孵化、软件产业、服务外包、旅游品设计、创意产业、科技金融等临空高附加值制造业。

（3）尽快启动自贸区/自贸港落地所催生的新兴产业的研究。自贸区和自贸港是党中央着眼于国际国内发展大局，深入研究、统筹考虑、科学谋划而作出的重大决策，是习近平总书记亲自谋划、亲自部署、亲自推动的国家重大战略，是彰显我国扩大对外开放、积极推动经济全球化决心的重大举措，是中国向全世界释放的深化改革开放的强烈信号。但是海南自贸区在规模上、产业结构上和发展目标上不同于国内外任何一个自贸区，缺乏参照案例，对于海南而言是一个全新的议题，如何将政策利好转化为海口具体的发展动能需要抓紧时间进行研究和落实。

（4）搭建临空产业开发公共平台，推动临空经济发展。通过搭建机场与临空经济区管理与运营的公共平台，强化控制与引导职能，同时依托开发平台，成立市场化运作的临空产业开发集团公司。建议依托公共平台成立国资的"临空产业开发集团公司"（吸纳土地储备公司为股东），负责以市场化运作具体推进临空产业开发。具体开发案例可参考上海自贸区四大平台。

2.1.2　产业内容及布局

1）商务+旅游——全力发展商务交流产业，重点打造跨国企业的区域运营中心，建成美兰机场临空商务区

（1）发展自由贸易跨境运营平台，打造海南自贸区现代服务业园区。发展具有采购、分拨、营销、结算、物流等单一或综合区域跨境运营中心，以及基于互联网等信息技术从事交易或提供配套服务的平台型贸易企业聚集区。构建集国际采购、贸易金融、跨国结算、专业市场、商贸展销、服务贸易、电子商务等于一体的现代服务产业园。

（2）发展旅游服务经济，成为海南旅游服务的运营基地和平台（图2-1）。依托国际旅游岛全产业链，在总部经济基地发展旅游服务总部功能，包括发展酒店住宿、

图 2-1　旅游服务产业功能示意

购物（免税）、旅游产品、休闲娱乐、健康医疗、交通、票务保险等现代旅游服务机构。

（3）搭建商务交流展示展销、商务休闲娱乐消费的硬件设施平台。重点发展会展功能业态，促进商务交流产业链、物流产业链的互动与升级（图 2-2）。建设集展览、会议、活动、商业、办公、酒店等多种业态的会展中心，主办、合办和承办境内外展览、会议和大型活动等（图 2-3）。

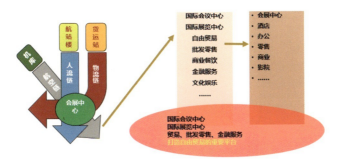

图 2-2　会展产业链功能示意

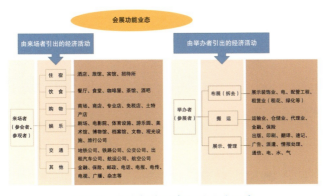

图 2-3　会展相关经济活动功能示意

2)物流＋智造——大力发展航空物流产业，培育新型"物流＋"产业链，打造临空经济发展的"引擎"（图2-4）

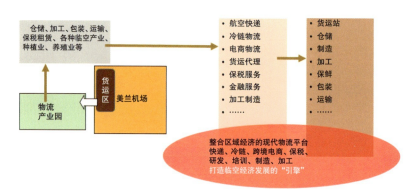

图2-4　航空物流产业链功能示意

（1）大力发展航空快递（图2-5）。迅速扩充国际国内的航线网络，发挥后发优势，发展航空快递，培育新型航空物流产业，打造临空经济发展"引擎"。利用自由贸易港政策优势，建设快递转运中心，发展航空快递中转业务（图2-6）。

图2-5　航空快递产业功能示意

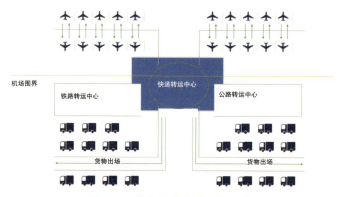

图2-6　航空快递中转业务示意

（2）积极培育跨境电商物流产业。充分挖掘海南热带资源（货物出港）、旅游消费市场（货物进港）优势，大力发展跨境电商物流产业（图2-7），搭建电商展销中心，延伸机场货站业务链。

图2-7　电商物流产业功能示意

（3）推动冷链物流发展。利用热带资源优势，促进消费升级，发展冷链物流。依托海南热带海鲜、热带水果资源优势，发展航空冷链物流（图2-8）。面向海南本岛的高品质水果集散以及南海区域的生鲜农特产品集散，提供全冷链、全货机、全流程物流服务。

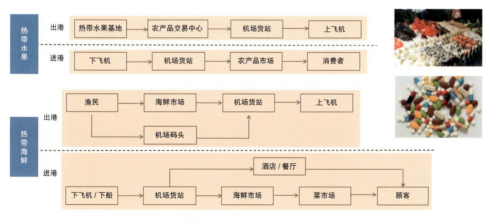

图2-8　热带水果、热带海鲜冷链流程示意

（4）打通高等院校、科研机构的"产学研"链条。依托大学城、航空物流产业园，发展科技研发、产业孵化、软件产业、服务外包、旅游品设计、创意产业、科

技金融等临空高附加值制造业（图2-9）。

图2-9 临空高附加值制造业功能示意

（5）挖掘海南特色的通用航空产业链"新机会"。例如航空智慧教育培训研讨，航空器零部件加工制造、维修等。

从海口民航发展角度看，可以引入客机内饰系统、座椅系统制造产业。依托海南在南海区域的中心辐射作用，区域内的航空客舱服务类的配套产业发展需求将更加旺盛。

从智慧机场角度看，可以引入面部识别、VR产业。依托美兰机场走向智慧机场、海南打造智慧岛的广泛市场应用场景，形成智能产品的不断迭代发展，结合区位优势对周边国家形成示范窗口作用，潜在市场需求大。

3）自贸区/自贸港相关新兴产业

通过调研分析，我们发现海南与国内其他自贸区不同之处主要体现在以下三方面：首先是规划范围不同，其他11个自贸区均为相关省市的局部地区，主要是当地的保税区、经济开发区、港口等区域，面积在120km^{2}左右，而海南自贸区范围覆盖全岛，是全岛建设自由贸易区。其次是产业结构不同，此前11个自由贸易区的重点是服务制造业推向中高端，努力抢占全球价值链的制高点，推动我国货物贸易转型升级，而海南自贸区不以转口贸易和加工制造为重点，而是重点发展旅游、互联网、医疗健康、金融、会展等现代服务业，加快服务贸易创新发展，形成以服务型经济为主的产业结构。最后是发展目标不同，海南与其他11个自贸区最大的不同，是明确了建设自由贸易港的发展目标。

围绕自贸区/自贸港政策落地的发展方向，建议：

（1）大力推进对外贸易合作，进一步增进同东南亚国家的经济贸易合作和交流，不断加强与世界几大经济体的经贸合作，同时也积极参与到"一带一路"的倡议中去，促进以传统市场为主的出口市场向"一带一路"多元化市场的转型，不断发挥海南自贸区门户的多方面优势，逐步将国际上的优秀企业、先进技术、管理经验引进自贸区内发展。

（2）加速电子信息及跨境电商业的发展。电子信息产业是自贸区正常运转的重要支撑，自贸区的建设也将不断促进电子信息产业及跨境电商业务的发展，应引进跨境电商及相关人才，推进航空物流的快速成长。还可考虑建设出口贸易平台，为东南亚、欧美商品进口及国内商品出口构建平台和提供服务，以及建立新型支付平台，促进贸易信息的灵敏流通，促进贸易信息公正化和透明化。

（3）发展贸易和航运物流。海口位于琼州海峡南岸，作为南海进入内陆腹地的门户和中转站，拥有得天独厚的贸易与航运物流地理优势。自贸区应制定相关优惠政策，提升对外开放的便捷条件，促进贸易和物流业的发展，优化和发展现代航运服务体系，不仅建立与南海周边国家的便捷客货运联系，更要实现与国内其他枢纽空港间的网络化布局，借助海口市"双港驱动"发展战略，与港口运输方式整体化发展，使海口成为国际化的区域物流枢纽中心。

4）产业布局设想

考虑到交通、商业服务及辐射距离等，美兰机场临空经济区的规划规模宜控制在机场周边5km范围内（图2-10）。

图2-10 美兰机场临空产业布局主要范围示意

产业规划结构布局关系为三"芯"一环，如图2-11所示。

图 2-11 美兰机场临空产业布局逻辑示意

2.1.3 产业推进路径及方式

机场的经济属性决定了临空产业发展的公共主导模式。机场的准公共属性，决定了机场具有公共性，又具有收益性。而机场的自然垄断性体现为生命周期长、规模经济性、边际成本低、资本沉淀大。另外机场的基础产业属性，决定了它是构成其他产品或服务的价格基础，需要超前投资。

1）搭建临空产业开发公共平台

对于美兰机场而言，搭建临空产业开发公共平台，是推动临空经济发展的最重要一点。临空产业在空间上涉及整个区域，在业务上牵动上、下游众多产业，必须由公共平台主导。公共平台主要用来体现公共性，做好公共设施、公共服务，并从政府那里得到支持。临空产业链很长，需要引入各门类、多层次、不同主体的企业群参与，强调"强强联合"、"双赢多赢"，不可能只依靠一家公司去做。所以，公共平台只能由国资主导的公司去做，处理各种公共关系，维护市场环境的公平、公正和适度竞争，把投资环境做好，为临空产业链的形成和发展发挥作用。

2）成立市场化运作的临空产业开发集团公司（企业）

这个集团公司应体现专业化、多元化、社会化、市场化的属性。对于专业化的理解，是临空产业链涉及的领域非常广泛，都有特定的细分市场，比如宾馆、旅游、广告、餐饮、零售、物流、机务、配餐等，这些细分市场都有其特殊的法则和规律，各细分市场内又有做得最好的公司。对于多元化的理解，是临空产业开发应该寻求与最好的公司实现强强联手，所以必须要求有市场化运作的临空产业开发公司。对于社会化的理解，是应该通过与社会资本合资合作，把市场做大，把临空产业链做强，这样才能让蓬勃发展的临空产业推动机场发展壮大，带动地区发展。而对于市场化的理解，是建议成立国资的"临空产业开发集团公司"（吸纳土地储备公司为股东），市场化运作的临空产业开发集团公司负责具体推进临空产业开发。

美兰机场临空产业开发集团公司旗下可以以不同的公司治理模式，成立相应产业板块的项目公司（图2-12）。应当坚持投资多元化、管理社会化、经营市场化，组建PPP模式项目公司，引入专业化、集成化的开发实体，搭建硬件设施，并引入后续关联运营企业。针对航空物流板块的项目公司，应根据货运物流产业项目合理制订建设规模，成立不同的项目公司，分期分批、循序渐进推进，因时、因地制宜地适度参与到各种项目的投融资、建设、经营管理中去，收回开发效益。

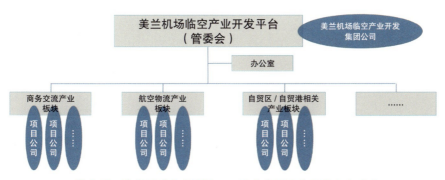

图2-12 临空产业开发主体——公共平台架构示意（企业）

3）建立代表公共利益管理意志的开发平台（管委会）

管委会（图2-13）代表政府组织临空区域的开发和投资，以及建成后的运营管理，负责临空地区规划、基础设施建设、开发实施和重大问题的决策；负责临空地区产业、配套等政策环境建设，地区发展之间的协调；负责招商引资，创造公平、公正的营商与竞争环境；负责公益性国有资产的运营管理。

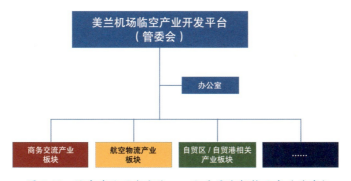

图2-13 临空产业开发主体——公共平台架构示意（政府）

4）产业细分项建议

策划中还对产业细分项提出了相关建议。基于国内外临空经济区产业发展经验，解读国家发改委、民航局《关于临空经济示范区建设发展的指导意见》中对临空经济区建设任务的要求，参考国家发改委发布的《产业结构调整指导目录（2015年）》、《战略性新兴产业重点产品和服务指导目录（2013年）》以及国务院发布的《中国制造2025（2015年）》，构建四大类、十六中类、九十二小类的临空产业名录，如表 2-1 所示。

表 2-1 临空产业细分项汇总

机场功能类

中类	小类
01 航空维修	01 部件维修
	02 飞机定检
	03 适航审定
	04 地面勤务
	05 紧急抢修
02 航油航材供应	01 航材中转运输
	02 航油采购运输
	03 生物航油研发
	04 航材供应保障
	05 航油供应保障
03 航空总部	01 航空服务型总部办公
	02 空勤配套服务
	03 临空高新技术总部办公
	04 临空商务总部办公
	05 民航行业组织
04 航空培训	01 维修培训
	02 乘务培训
	03 飞行培训
	04 空管培训
	05 运营管理培训
05 飞机拆解	01 部件拆解
	02 部件翻新
	03 部件改造
	04 部件转售
06 其他航空配套	01 航空配餐
	02 飞机性能鉴定
	03 飞机交易展示
	04 飞机售后服务

航空物流类

中类	小类
01 保税物流	01 仓储
	02 口岸功能与出口退税
	03 配送
	04 信息处理
	05 简单增值加工
	06 进出口货物精品贸易
02 冷链物流	01 多湿区冷库仓储
	02 简单加工
	03 分拨配送
	04 采购交易
03 电商物流	01 货运仓储
	02 电商总部办公
	03 分拨配送
04 快件物流	01 仓储
	02 分拨配送
	03 监管

续表

高端制造类	
中类	小类
01 电子信息	01 高端电子设备及元器件制造
	02 智能安防设备制造
	03 电子商务服务
	04 信息技术服务
	05 软件及应用系统研发
02 先进装备	01 飞机零部件制造
	02 智能装备制造
	03 新能源汽车制造
	04 民航专用设备制造
	05 关键基础零部件制造
03 生物医药与新材料	01 新型功能材料制造
	02 生物技术药品制造
	03 现代中药及民族药开发
	04 生物医疗设备制造
	05 先进结构材料制造
	06 高性能复合材料制造

现代服务类	
中类	小类
01 商务金融	01 保税金融
	02 航空金融
	03 产业金融
	04 互联网金融
	05 企业管理服务
	06 法律服务
	07 咨询服务
02 医疗服务	01 紧急医疗处理
	02 国际医疗会诊
	03 医疗会展商贸
	04 综合全科医疗
	05 特色专科医疗
	06 健康体检服务
	07 养生康复服务
	08 健康养老服务
03 知识创新产业	01 科技平台搭建
	02 创新会展商贸
	03 创新技术研发
	04 创新产品中试
	05 创新企业孵化
04 综合商业服务	01 空港旅游集散
	02 航空中转服务
	03 休闲娱乐
	04 免税购物
	05 餐饮配套
	06 酒店配套
	07 高端旅游定制服务
	08 文化创意
	09 会议博览
	10 旅游商品开发与营销
	11 园艺花卉
	12 生态农业

根据《2018中国（海南）自由贸易试验区（港）百日大招商（项目）活动》提出的总部企业、中介服务机构、园区开发建设平台和产业项目四大类124项招商任务，可筛选部分内容归纳入临空产业的具体产业名录中。海南省重点要推进的招商项目，可以成为美兰机场临空产业体系建设的重要突破口，结合临空产业链发展规律，可以融入机场主业或四大临空产业链，包括涉及旅游业的4个招商项目、农业的1个招商项目、金融业的2个招商项目、医疗健康的1个招商项目、高新技术的2个招商项目、会展的2个招商项目、1个消费中心招商项目等。

关于引入产业细分项推进时序，建议优先发展商务链中的临空办公、会议博览、酒店配套以及物流链中的快递、冷链、跨境电商物流，并同步加快发展旅游链的高端旅游定制、空港旅游集散中枢相关产业和特色链的国际医疗会诊。

2.1.4 产业聚焦与推进目标

策划建议美兰机场临空产业发展聚焦"3大产业"+"1个平台"（图2-14）。建议全力发展商务+旅游，重点打造临空生产性服务、商务会展、休闲旅游、医疗健康产业等；大力发展物流+智造，培育快递、电商、冷链新型物流和高附加值制造业，包括临空科技研发、生物医药、新能源及智能制造产业；尽快启动自贸区/自贸港落地所催生的新兴产业的研究；抓住战略机遇，搭建临空产业开发公共平台，推动临空经济发展。

图2-14 "3+1"产业功能示意

海口美兰临空产业发展目标的推进，建议分步上台阶，最终形成多元化的综合发展格局。按照"空港枢纽带动、港产联动发展、港城紧密结合"策划思路，分期对标"法兰克福、仁川、史基浦"临空区域（图 2-15），确立"2 年初创突破，5 年框架成形，10～15 年功能成熟"发展目标（图 2-16）。

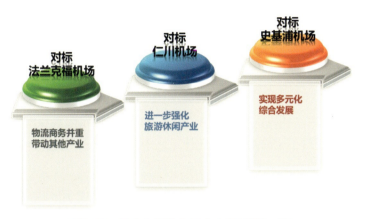

图 2-15　美兰机场临空产业分步发展的对标

图 2-16　美兰机场临空产业分阶段目标

同时，基于美兰机场临空经济区三大产业发展构思以及临空经济区的产业布局概念规划，面向江东新区可对应灵山的临空商务配套、桂林洋的产业研发与智造、演丰的自贸区相关配套产业，为江东新区的产业对外开发开放注入新动能（图 2-17）。

图 2-17　美兰机场临空产业对外联动方向

2.1.5 规划定位与发展战略

美兰机场临空经济区规划定位为城市发展引擎,服务"一带一路"、承接"双港驱动"的港产城高度一体化发展的空港经济区,打造成为符合南海国家战略的战略平台、引领海口东部地区经济社会发展的重要发展引擎。

战略一:机场枢纽国际化。立足海口东部,以自贸区门户机场+国际口岸的开放政策为依托,全力推进空港客货运核心功能的加速发展;进一步完善陆、海、空联运的综合交通集疏运体系,建设多通道、多方式、立体化的复合网络型交通通道,并全方位融入南海国际与华南区域交通体系之中,全面拓展美兰空港在华南及南海周边地区的国际辐射腹地,打造国际航空门户枢纽。

战略二:产业发展特色化。紧跟全球经济发展趋势与海南自贸区/自贸港发展方向,坚持空港引领、创新驱动、特色化发展(图2-18),以航空运输产业为核心,吸引境内外高端要素资源集聚,大力发展航空运营、航空物流等航空核心产业,优化发展生物医药、智能制造等临空高附加值产业,积极拓展以"商务+旅游"为特色的临空现代服务业,打造形成"物流+智造"高端产业集聚区。

图2-18 美兰机场临空特色产业

战略三:城市功能优质化。积极服务于"双港驱动"发展战略,以机场陆侧地区及邻近地区为核心,依托交通集疏运走廊,联动东部中心城区,全力推动市政基础设施和公共服务设施的建设完善和升级,尤其加强酒店、餐饮、综合商业及高端商务等配套服务设施的建设,推动会展业与城市服务功能的良性互动发展,实现临空经济区城市功能、城市环境、服务配套、城市形象的全方位升级。

战略四:港城格局一体化。逐步优化空港都市区城市格局,以临空经济区功能分布的圈层式规律为指引,理顺各类要素布局,推动空港、产业等功能区与城市发展形成空间联动与功能协调。在空港相邻地区以土地盘整、旧村更新改造等模式,着重从土地空间开发、产业功能协调及城市形象建设等方面,进一步加强机场与周边乡镇的协调发展;在空港外围辐射区推进空港与江东城区、国家热带农业园和大学城的港城互动、区域协调，形成空间结构紧密、城市功能齐全的港城一体化发展格局（图2-19）。

图2-19　空港与城市一体化概念示意

2.1.6　空间概念规划

1）以美兰机场为核心，形成"西联、北强、东延、南拓"的空间发展格局（图2-20）。

"西联"：向西沿城市干道发展高端商贸+旅游产业，与江东组团连接、一体化发展，推进"港产城"融合。

"北强"：北侧地区具备紧邻机场的高价值区位优势，应对现有产业园区、开发用地加以整合，强化"航空+物流"以及"高附加值服务业"功能导向。

"东延"：东部用地净空、噪声影响较大，应设置航空物流相关产业链及自贸港区，并预留相关产业延伸发展用地，打造产业发展走廊。

"南拓"：为适应美兰机场未来发展，南部用地作为航站区及临空产业中期发展用地，与东部地块形成产业互动圈。

图2-20　美兰机场空间对外拓展发展格局示意

2）多产业结合，打造"三芯一环"的临空平台，响应"一带一路"、承接"双港驱动"，打造泛南海国际贸易和航运枢纽经济园区（图2-21）。

"三芯"之一：商贸交流中心，即西片区通过功能置换全力发展商贸服务产业，重点打造商务旅游产业，形成商贸+旅游服务中心。

"三芯"之二：新兴产业物流中心，即东、北片区结合原上位规划增加物流、仓储、商贸用地供给，形成"物流+智造中心"，培育快递、电商、冷链新型物流和高附加值智造业。

"三芯"之三：自贸交易中心，即片区结合新航空站及跑道建设，充分利用临空侧物流优势，发展自贸港区，探索自贸港建设。

"一环"：商贸物流产业发展通道，即依托现有城市道路规划，发展空港与海港及城市快速交通体系，梳理区内道路，形成高效便捷产业发展园区。

图2-21　美兰机场空间规划示意

3）确保飞行区的发展空间，新增跑道以满足空港成长需要

第4跑道建议采用与第1跑道远距平行的格局（图2-22），依托现有空侧机位资源，集中设置机务区（图2-23）。

4）设置以货运区为依托的物流产业园（图2-24）、产业研发区

产业研发区可以发展科技研发、产业孵化、软件产业、服务外包、旅游品设计、创意产业、科技金融等临空高附加值制造业。

5）设置以航站区为起点的商贸交流区

商贸交流区位于西工作区中部核心，容纳会展、会议、企业总部办公、商贸金

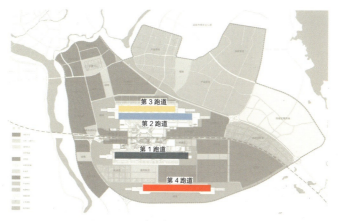

图 2-22　跑道分布示意

图 2-23　机务区功能

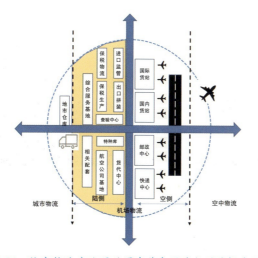

图 2-24　临空物流产业园（图中黄色区域）功能概念示意

（资料来源：中国民航大学临空经济研究所相关研究概念）

融服务等功能,通过商贸区与城市发展互动。可通过建筑设计提升片区整体标示性,包括环境优美的企业办公园区与多层现代化商办写字楼(图2-25)。

图2-25　商贸交流区功能意向

6)设置与城市相衔接的会展产业区

商贸物流产业集聚将带动会展产业发展,可建设集展览、会议、活动、商业、办公、酒店等多种业态的会展中心,搭建商贸服务、展示展销硬件设施平台。其建筑形态包括大体量会展建筑,展示片区和形象(图2-26)。片区现状包含较老及新建建筑,通过拆除、新建等方式,完成功能置换。

图2-26　会展产业区功能意向

7)设置依托航空货运发展的自贸园区,并预留发展园区,为未来产业预留发展用地

设置航空特定功能区,为未来通用航空产业预留发展空间。

8）用地规模

本次策划的美兰机场临空经济区概念方案总用地规模为 9615.26hm^2。土地投入以航站区建设为龙头，以商贸、研发和产业为主要开发方向，形成整个园区建设的高效与可持续性，为航空物流、贸易、高附加值服务业提供良好物质支撑。其中，商贸开发用地面积为 1041.95hm^2；会展中心开发用地面积为 117.09hm^2；通用航空用地面积为 131.26hm^2；第 4 跑道用地面积为 237.66hm^2；自贸港区用地面积为 972.93hm^2；自贸港区配套用地面积为 309.87hm^2；机务区用地面积为 191.98hm^2；仓储物流用地面积为 608.30hm^2；产业研发用地面积为 1378.42hm^2；科研教育用地面积为 582.14hm^2；预留发展用地面积为 927.42hm^2；公共绿地面积为 281.04hm^2；防护绿地面积为 1127.67hm^2；已建的机场一期用地面积为 539.91hm^2；在建的机场二期用地面积为 724.19hm^2。如图 2-27、图 2-28 所示。

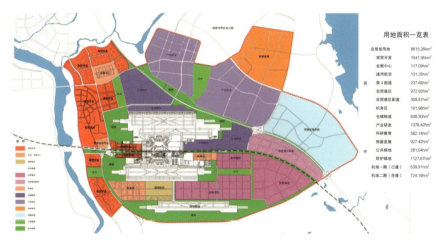

图 2-27　美兰临空经济区概念规划总平面图

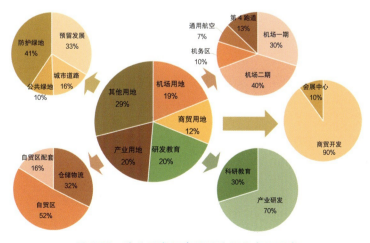

图 2-28　美兰临空经济区用地指标占比示意

2.2 海口美兰机场临空经济区重点产业策划与规划

机场临空经济区的产业无非是围绕"客"和"货"这两大要素来做文章。对于海口而言，有良好的旅游客源作为基础，再加上国家自贸岛、自贸港政策的加持，美兰机场的航空货运产业成为临空经济区重点产业"重中之重"的必然选择，没有理由做不好，关键是看用什么样的规划执行力、机制保障力去吸引支撑货运发展的要素前来并愿意长期在美兰机场发展。

2.2.1 货运发展策略

根据国家民航局发布的《关于加快海南民航业发展支持海南全面深化改革开放实施意见》，美兰机场发展的定位为：成为连接大陆地区，面向太平洋、印度洋的区域门户枢纽机场。策划提出美兰机场不同阶段的航空货运发展定位：初期发挥区位优势和航线引入政策，成为连接大陆地区，面向太平洋、印度洋的区域货运门户枢纽机场（国内、国际航线转换见图2-29）；远期利用自贸政策及航线基础，大力发展国际中转航线，成为亚太地区货运枢纽，辐射全球。

美兰机场发展货运的几个主要短板体现为：产业基础薄弱，典型的岛屿型经济；驻场机构较少，缺乏平台化管理；国内航线充足，国际航线匮乏；设施类型单一，难以满足需求；货运基础薄弱，产业带动力弱；缺少公共平台，缺乏统一规划。正是由于这些因素的综合作用，导致美兰机场的货运发展跟不上海南、海口社会经济发展的实际要求。

图 2-29　美兰机场国内国际航线示意

海口美兰机场在货运发展的初级阶段，可综合三个方向对标发展：一是由于位于亚热带地区、服务业发达、物产丰富、地理位置优越，可对标货运外向型机场；二是作为我国"一带一路"的重要节点，拥有自贸港优惠政策支持，是连通大陆与东南亚的重要枢纽，可对标发展货运中转型机场；三是目前各大快递企业均有意向在美兰机场设置分拨点，可对标发展快递枢纽型机场。

以发展软实力（通关创新能力、政策支持力、运营管理能力）、发展硬基础（网络通达能力、机场保障能力、货源支撑能力）这两方面、共六大因素指标作为分析框架体系，提出海口美兰机场发展航空货运策略建议如下：

策略一，构建网络通达能力，这是美兰机场航空货运发展的基础。应瞄准美兰机场的优势货运市场，积极引入航空公司入驻，并支持多基地航空公司发展，构建优质航线网络。而推进航线网络的构建可以采取发展优势航线、支持多个航空公司共同发展以及分步搭建航线网络等措施。

策略二，构建美兰机场的货源支撑能力，可以从四个方面吸引货源，具体措施包括依靠基础货源、发展产业货源、争取市场货源以及吸引中转货源。

策略三，构建美兰机场保障能力，可以从三个方面实现创新突破，包括货运运行设施的保障、货运设施适度先行、指定口岸建设。

策略四，提升美兰机场货物通关效率，这是影响货运发展的最关键因素，关系到能否在国内、国际货运市场竞争中"脱颖而出"。具体措施包括：以政策优势突破国内-国际中转；创新监管模式，接轨国际；利用信息化手段，辅助通关效率的提升。

策略五，争取优惠政策支持，加大招商工作的力度和投入，实施优惠招商政策，促进航空物流要素的集聚。例如：减免某些国际航线的起降服务保障费率、一次性发放补贴、税收减免、低息贷款以及提供低成本的办公场所等。

策略六，提升运营管理能力，打造货运发展公共平台，集聚三个层面的参与主体（政府层面、机场层面、核心用户层面），形成良性竞争、公平发展的运营环境。

2.2.2 自贸监管模式

海南建设中国特色自由贸易港，为海口美兰机场航空货运发展带来了巨大政策利好。首先有利于货运发展，免关税政策将吸引大量货物在自贸区做转口贸易，带来中转货量。其次，有利于产业集聚，自由的贸易环境与多重免税政策将吸引各产业聚集于自贸区。再次，有利于提升流通效率，通关流程便利可大大提升进出口及转口贸易的货物流通速度。最后，有利于扩大出口贸易和转口贸易，增加外汇收入。

我们认为，自贸区政策的八大核心包括：政策环境宽松、投资领域开放、金融开放、贸易自由化、监管宽松、税赋宽松、法制完善、自然人移动自由。

影响自贸区运作的最关键因素就是海关监管,国内外一些典型的自贸区海关监管模式可以为海口临空自贸区发展提供经验借鉴。

上海浦东国际机场自由贸易试验区采用了"两区独立监管"模式(图2-30)。该模式的特征是整个区域海关监管,口岸区和物流园分为两个相对独立的海关监管模块;设置三个卡口,即口岸海关卡口、物流园区卡口、两区之间卡口;两个区域货物流转需要分别申报,流通不畅;进口货物放行时间较长,一般是 24~72h。

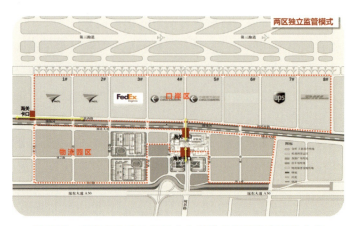

图 2-30　上海浦东国际机场自由贸易试验区监管模式示意

新加坡樟宜国际机场自贸区采用了"两区统一不监管、卡口验放"模式(图2-31)。该模式的特征是货物在海关备案,海关在区内不监管;口岸区和物流园两个区域之间货物自由流转;在卡口处进行货物抽查验放,通关时间在24h以内。

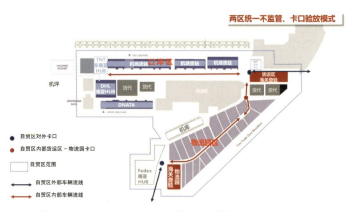

图 2-31　新加坡樟宜国际机场自由贸易区监管模式示意

香港赤鱲角机场自由贸易港则采用了"无监管无卡口"模式(图2-32)。该模式的特征是除豁免服务外,货物进出前后14d企业呈报付运资料和进出口报关单;

无卡口、无海关监管；海关进行抽查，通关时间为5～8h；

图2-32 香港赤鱲角机场自由贸易港

海口美兰机场的监管模式可以参照上述典型模式，分阶段实施：第一阶段，将货站口岸区与物流园区的两区独立监管模式调整为统一监管模式；第二阶段，采用两区统一不监管、卡口验放模式；第三阶段，推进无监管、无卡口模式。当前，海口美兰机场自贸区建设可在上海浦东机场自由贸易示范区监管模式的基础上进行优化；口岸区与物流园区由海关统一监管，区域内货物保税自由流转，海关口岸现场查验与卡口抽查相结合，并采用信息化手段、物联网、智能设备进行高效通关。

2.2.3 功能业务策划

要发展机场的航空货运业务，我们认为要始终把握好几个关键点：①依托好自贸区政策，将经济实惠、高效运作的具体措施切实运用到货运的全流程中；②以腹舱载货为主，这是培育航空货运稳步发展的必由之路；③同步吸引基地航空公司，提升运力，优化并持续丰富航线结构；④最关键的是要打造公共平台，能够吸引不同的航空公司、不同的货主等参与到美兰机场航空货运发展中，满足不同层次的需求。除此之外，航空货运离不开后方产业的导入，即要同步推进临空产业发展，为货运组织提供来源。功能业务策划的最终目标是推进港产城一体化的实现。

航空货运业务的发展不是一蹴而就的，需要遵循其特有的发展规律。一般而言，航空货运业务会跟随机场的不同阶段而不断转型升级（图2-33）。在最初的航港发展（侧重机场运输功能）阶段，航线网络、机坪服务、运输服务是货运发展最关注的内容,这个阶段以引入基地航空公司、货运航空公司、国外航空公司为主要任务;而进入港产联动阶段后,即航空货运区要向航空物流园转型,此阶段航空物流成为核心业务,同步要发展相关产业延伸服务、贸易金融相关配套等,需要更加关注供应链企业、专业运营商、相关贸易企业以及金融配套企业的引入;最后进入港产城一体化程度最高的航空城阶段后,航空货运物流业将呈现出核心产业大力发展的局面,此时的贸易金融核心发展也进入更高阶段,而与产业可持续发展的"人"这一关键要素相应的配套服务,如教育、医疗及生活配套等也不断完善。

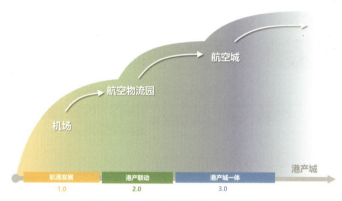

图 2-33　港产城发展的不同阶段

空港物流园可以提供航空货物需要的综合型物流设施,提供一体化物流解决方案的公共平台,这里面包含了空陆转运、空空转运等方式(图 2-34)。

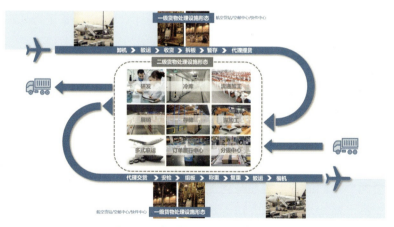

图 2-34　空港物流园的主要流程

美兰机场航空货运功能业务可涉及国内、国际、自贸港货运,相关延伸功能,以及由此关联的产业融合功能(图 2-35)。

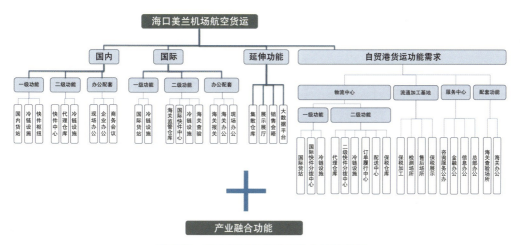

图 2-35 美兰机场航空货运板块总体构想

美兰机场航空货站功能业务规划构想（图 2-36）：允许机场存在多家货站运营方；机场货站为中性货站，作为公共平台接收多方货物；航空公司货站仅为其本身服务，余力可揽收其他航空公司的货物；运营方建议采取分散式布局，有利于货运发展的灵活分期。

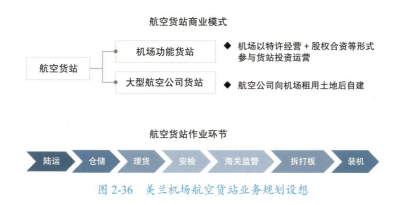

图 2-36 美兰机场航空货站业务规划设想

美兰机场航空快件类功能业务规划构想（图 2-37）：在机场核心区内允许大型快件类客户入驻，进行时效性强的暂存、快速分拣、海关及航空处理业务；在机场核心区内建设公共快件中心，允许中小型快件类客户入驻，为其提供时效性强的暂存、快速分拣、海关及航空处理服务。

美兰机场跨境电商类功能业务规划构想（图 2-38）：在机场核心区内为大型跨境电商客户提供时效性强的暂存、快速分拣、海关及航空处理服务；在机场外围为中小型跨境电商客户提供二级分拨、海外仓等延伸服务。

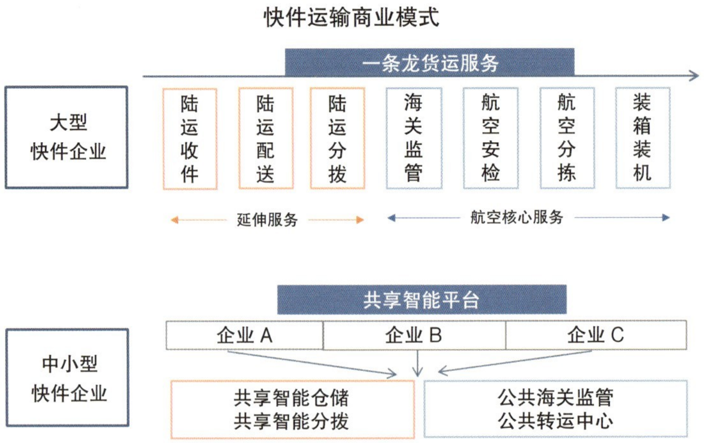

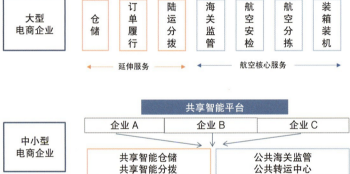

图 2-37 美兰机场航空快件运输规划设想

图 2-38 美兰机场跨境电商运输规划设想

2.2.4 货量规模预期

在进行美兰机场航空货量规模预期分析时,我们重点把握了四个方面的需求,具体包括:①基础货量,即依据美兰机场历史货量的自然增长情况所能获得的最基本货量;②吸引外地货源国际货量,该货量值以参考全国省市航空进出口额历史数据、全国口岸国际航空货量历史数据、各省市机场国际航空货量历史数据方式获取;③产业发展带来的货量,以对标机场临空区产业发展作为参照获取;④引致货源的货量,通过对标机场国际航空货量历史数据获取。

1)基础货量分析

美兰机场货量现状为:国际货量占比不足 5%;进港货物以本地消费为主,出港货物主要以本地生鲜产业空运到内陆供其消费为主。以机场历史货量作为依据，预测美兰机场货量自然增长情况，作为机场的基础货量。其主要影响因素包括海南省GDP、本地消费、本地基础产业（主要为农渔牧业）相关。在分析中，采用趋势外推、计量经济、波布加门方法预测机场货量自然增长情况；考虑到进港货物以本地消费为主，采用海南省城镇居民人均可支配收入与机场历史货量拟合；机场货邮吞吐量与本地产业经济发展有密切的关系，采用海南省GDP与机场历史货量拟合，如图2-39所示。

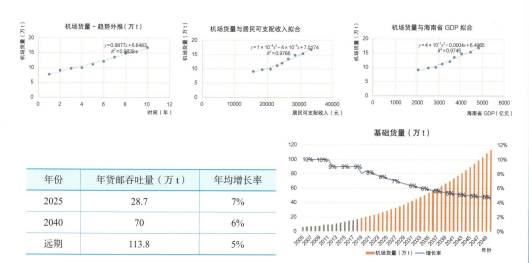

年份	年货邮吞吐量（万t）	年均增长率
2025	28.7	7%
2040	70	6%
远期	113.8	5%

图2-39 "基础货量"预测结果

2）吸引货量分析

我国各机场集中度呈下降趋势，大量航空国际货量正从上海、北京等流入型机场回流（图2-40），美兰机场有望吸引回流航空国际货量至海口。

美兰机场地理位置优越，大陆-国际（东南亚/澳大利亚）航线网络的搭建，特别是基地航空公司可吸引部分国际货物，通过国内客机腹舱积聚海口，转运去向国际，逐步构建海口面向内陆腹地、泛南海区域的两个"扇形"市场。海南省自贸港政策、海关创新快速通关等政策的支持，将吸引外地航空货物在美兰机场中转。不过周边存在竞争性机场，如南宁机场、昆明机场的国际货运同样以面向东南亚地区为主。

综合流入流出型机场分析、美兰机场辐射区域国际货量占比分析以及美兰机场竞争力分析，采用机场竞争力模型量化方法，预测得到的美兰机场吸引货量如表2-2所示。

枢纽机场吸引外地国际货量现状

国内代表性机场的国际货运进出口情况

主要区域	本地国际航空市场需求（万 t）			机场实际国际货量（万 t）	流入流出货量（万 t）	机场类型
	出口	进口	合计			
江、浙、沪	187.1	86.0	273.1	320	47	流入
北京	6.2	15.9	22.1	91	68.9	流入
天津	10.1	10.7	20.8	19	−1.7	流出
辽宁	10.9	8.4	19.3	5	−14.4	流出
河南	11.0	4.7	15.7	28	12.3	流入
河北	10.7	5.1	15.8	0	−15.6	流出
广东	158.8	66.6	225.4	65	−160	流出

图 2-40 "吸引货量"基础数据

表 2-2 "吸引货量"预测结果

预测项目		2025 年	2040 年	远期
发展定位		东南亚门户	面向太平洋、印度洋的航空区域门户枢纽	亚太枢纽
全国可再分配的国际货量（万 t）		152.2	220.2	284.5
可吸引国际货量占比		18%	36%	36%
美兰机场抢占份额	乐观	20%	20%	20%
	保守	10%	10%	10%
吸引货量（万 t）	乐观	5	16	20
	保守	3	8	10

3）产业发展货量分析

借助自贸港政策，未来海南省、海口市，特别是江东新区在临空集聚的产业发展将给机场带来货量。其中，海南省重点发展产业包括农林渔牧、旅游产业、医药产业、海洋产业、房地产业、现代物流业；江东新区可重点规划的产业包括现代服务业（总部经济；旅游、高端医疗、体育、教育；金融、会议会展、现代物流、文化创意、跨境电商）、新一代信息技术（互联网、大数据、人工智能）、特色产业（高效农业；生物医药、低碳制造等新兴产业）、平台经济（大宗商品交易中心、保税展示交易平台、跨境电商平台）。所聚焦的临空产业中，航空产业以航空维修为主，现代物流业以航空物流、保税仓储、分拨中心为主，高新制造业以生物医药、电子信息、航空食品生产为主，现代服务业则以旅游为主。

经分析，影响产业发展货量的因素包括：海口市临空经济区重点发展产业方向是否与航空货运关系密切；临空经济区产业发展情况；以及主要的货物类型（快递、冷链、医药、跨境等）。

根据江东新区产业研究报告，2020年江东新区预计实现400亿元产值，2025年预计实现650亿元产值，2035年预计实现1500亿元产值。通过分析临空产业生产总值与机场货量关系、其他机场案例、设定产业调节系数（产业与航空关系密切程度）等，最终获得产业发展货量的数据，如表2-3所示。

表2-3 "产业发展货量"预测结果

项目	临空区生产总值（亿元）	机场货量（万t）	基础货量（万t）	产业发展货量（万t）
某机场2015年	520	40.3	—	—
美兰机场2025年	450	34.9	28.7	6.2
美兰机场2040年	1739.7	134.8	70.0	45.4
美兰机场远期	2701.4	209.4	113.8	66.9

4）引致货量分析

随着航线网络的稳定，货源产生集聚效应，可吸引快递企业入驻建设国际转运中心。例如，我国香港的DHL亚太转运基地、广州白云机场的联邦快递（FedEx）亚太转运基地、深圳宝安机场的UPS亚太转运基地以及上海浦东机场的DHL北亚枢纽、FedEx快件中心、UPS快件中心。综合评价下来，目前香港机场的DHL设施已饱和，FedEx在广州发展遇瓶颈，而浦东机场没有发展中转。引致货量的规模受航班时刻、设施用地、充足机位、优惠政策、中转便利（海关）等因素影响，对于美兰机场而言，应最大限度地发展通关时效优势。

根据三大国际快件巨头在其他机场发展的历程，美兰机场引入快递企业带来货量的预估如表2-4所示。

表 2-4 "引致货量"预测结果

阶段	2025 年	2040 年	远期
国际快件中心引致货量（万 t）	0	10～20	30

2.2.5 总体规划方案

1）圈层融合的规划理念

国内外学者在研究临空经济区时，一般都会采用环绕机场设施的"圈层"式分布来初步定义不同临空产业的相对布局关系。在这里我们也采用了类似的提法，具体如下（图 2-41）：

机场核心区圈层：主要规划发展一级设施，包括普货货站、冷链货站、第三方快件转运、专业电商综合体；以及规划发展二级设施，包括国内快件中心、国际邮件中心、国际普货监管设施、国际快件监管设施、国际跨境监管设施。

空港紧邻区圈层：重点规划发展保税物流、保税加工、冷链物流、医药物流、快递分拨、电商物流、物流总部、分拨中心。

空港相邻区圈层：可以规划发展总部办公、服务配套、航空培训、医养一体。

图 2-41　空港区圈层相对关系示意

按照港产城一体化的发展目标，推进各圈层融合（图 2-42），规划着重引导发展保税物流、保税加工、冷链物流、医药物流、快递分拨、电商物流、物流总部、分拨中心、总部办公、服务配套、航空培训、医养一体、酒店、购物、休闲、娱乐等。

在开展航空物流货运规划时，首先得理清航空货运的全流程关系（图 2-43），即策划与规划始终要关注机场空侧的空中航线、地面飞行区（跑道、机坪等），以及陆侧区域的货运区、临空产业区。如果机场恰好被纳入自贸区（港）范围，还要同步关注机场自贸区。

2）机场客货格局

按照美兰机场总体规划和对未来发展的预期，研究设定了机场的客货发展总体框架，即"客运中心东西发展，货运两翼协调发展"，其中东/北货运区服务能够

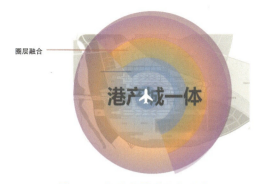

图 2-42　空港区圈层融合示意

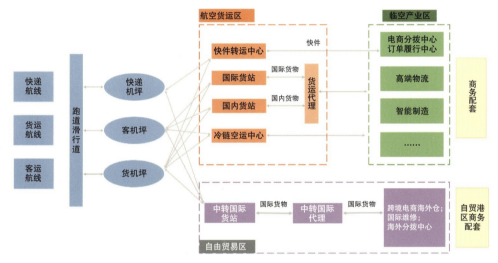

图 2-43　航空货运全流程关系示意

直接带动城市的产业，实现"港产城"全面发展；南货运区重点支撑"两头在外"产业，辐射国际，强调自贸港区内核发展。如图 2-44 所示。

我们对各区的详细分工也进行了相应安排（图 2-45）。北货运区，以处理全货机货物为主，功能包括：国际货站、国际快件中心、代理仓库、国内快件中心等，预计处理能力为 100 万 t；其后方的临空物流园区主要规划服务产业发展，例如：保税仓库、冷链园区、医药园区、展销一体综合体等。东货运区，以处理国内货物为主，兼顾国内-国际中转货物的处理，功能设施包括国内货站、国际中转货站、代理仓库等，预计处理能力为 60 万 t。南货运区，以处理进出自贸区货物、空空中转货物为主，功能包括：国际快件转运中心、国际货站、代理仓库等，预计处理能力为 100 万 t，同时预留空空中转用地，主要服务承运国际快件的物流企业，其直接关联的腹地主要规划自贸港功能，服务自贸区产业发展，包括跨境电商海外仓、国际维修、海外分拨中心等。

图 2-44 美兰机场货运发展格局示意（一）

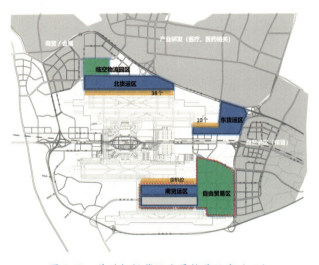

图 2-45 美兰机场货运发展格局示意（二）

2.3 支撑海口美兰机场临空发展的关键要素思考

国内外空港发展的成功经验都说明，如果机场的容量、功能运行等得不到足够的保障，临空经济也不可能健康发展。为此，在前述一系列产业策划工作进行的同时，我们同步开展了机场自身建设的相关研究。对于美兰机场而言，策划阶段着重探讨了对机场影响最大的跑道构型、航站区和陆侧综合交通这三个方面的内容，目的是最大可能协调临空经济区与机场自身发展的关系，为后续机场总体规划修编、专项规划研究等工作提供方案建议和研究思路。

2.3.1 机场发展定位

按照最新的国家物流枢纽布局总体方案，海口被定义为商贸服务型枢纽城市，这说明海口具有客货双重发展需求，也是国家站在宏观战略层面对海口提出的要求。海口不同于一般大陆城市，不具备对外陆路（公路+铁路）运输优势，因此，应从航空切入，迅速做大做强航空港，不断拓展海口本地、全岛、泛南海航空物流市场，为海口发展成为商贸服务型枢纽城市创造重要的基础设施条件。

定位一：面向泛南海的南北定向航空枢纽，辐射东南亚地区（图2-46）。目标是推进美兰机场客运的枢纽化、国际化建设，主要策略是通过引入低成本航空，迅速激发和做大面向东南亚的中转、联程航空市场规模。目前有一种误解，认为低成本航空缺少服务、品质低，其实，低成本不代表低品质，其运营模式是给予旅客一种功能表式选择，是对资源的一种优化配置。低成本航空可为旅客带来安全及便捷的飞行体验，并提供多元化的服务选择。

图2-46 美兰机场南北定向枢纽发展建议示意

定位二：面向泛南海的区域航空物流中心。目标是推进美兰机场货运的枢纽化、国际化建设，主要策略是通过引入航空快递、跨境电商物流，发挥腹舱带货的基础性功能，逐步建立高效快捷的物流中转地。

定位三：全岛自由贸易试验区的交通枢纽门户和自贸港建设的先导区。目标是成为国际/地区旅客进出海岛的主力门户、中国（海南）自由贸易试验区（港）建设的高地，吸引更多旅客在此便捷商务交往、中转、购物休闲。机场作为江东新区/临空经济区发展的重大基础设施项目，应以其为核心，引导区域的组团发展。

2.3.2 跑道构型

1）第一个问题：跑道数量，是选择3条跑道还是4条跑道

从机场总体规划、土地规划控制角度以及对总客货吞吐量未来目标的考虑，建

议按照4条跑道调整总体规划。机场作为城市对外的重要窗口，其功能容量应当得到充分保障。海口社会经济的快速发展，以及城市基础设施、城市建成区拓展等需求，与机场未来发展空间实质上已产生明显"冲突"，此时应站在城市总体规划层面综合把握机场发展空间与城市发展的关系。因此，按照4条跑道容量进行机场用地规划，是海口城市总体规划修编中应当引起重视的问题（目前海口城市总体规划中未对第4跑道有明确说法，如图2-47所示）。

图2-47　海口市城市总体规划示意

2）第二个问题：跑道间距，即第3、4跑道与现有第1、2跑道的间距如何确定

跑道构型布局方案及相应的机场用地规划布局，应充分挖掘机场土地利用的潜力，并考虑未来有序发展的可能性和灵活性，从而发挥海口美兰机场应当承担的枢纽作用。平行跑道构型的跑道容量取决于跑道之间的间距，依据仪表（IFR）运行情况下两条跑道的运行程序，平行跑道之间的间距分为"近"、"中"、"远"三大类。一般来讲，跑道间距从近距、到中距、再到远距，间距越大，跑道间运行的独立性越大，相应的跑道系统容量也越大。

3）跑道构型方案特征分析

首先分析采用2组平行远距跑道的方案（图2-48），国内已有浦东机场等多个大型机场采用此构型，用地相对紧凑。一般情况下，为减少滑行航空器对跑道运行的影响，第1、2跑道用于起飞，第3、4跑道用于着陆。

若采用3组平行远距跑道方案（图2-49），则可提供更多的"空侧岸线"资源，开展航空物流的机坪面积将进一步扩大；可以提供更可靠的机场空侧运行资源；第1、4跑道间形成的"中间区域"，可以为建立自由贸易港区提供便利，第4跑道可相对独立地服务监管区域，还可以灵活地进行功能转变。

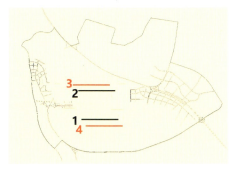
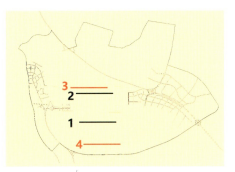

图 2-48　美兰机场 2 组远距跑道　　　　图 2-49　美兰机场 3 组远距跑道

4）跑道构型方案建议

综合美兰机场对海南岛、海口市、江东新区、临空经济区等各层面发展的巨大影响力，建议选择 3 组远距跑道的构型方案作为机场总体规划修编、城市总体规划修编等的主要协调方向，继续开展相关论证工作，尽快从规划控制层面为美兰机场提供可持续发展的空间。

按照临空产业概念规划布局（图 2-50），建议启动第 3 跑道（与第 2 跑道平行的近距跑道）建设工作，从而能够最快速地形成美兰机场的航空货运区，为后方物流及相关产业打开局面。对第 4 跑道的功能定位、选址及相关用地的规划，应抓紧开展论证工作。

图 2-50　美兰临空经济区产业概念规划与机场 3 组远距跑道的关系示意

2.3.3　航站区发展构想

根据美兰机场的发展定位策划，其应当能够提供满足年吞吐量 8000 万～9000 万人次需求的服务保障能力和服务水平。从长远看，美兰机场发展的最大限制性因素之一就是站坪机位数不足，同时还应合理考虑机位数的近远机位发展关系，应当是分期到位，近远结合。增加机位意味着需要更大的站坪，因此大的发展方向上要有选择，是扩建航站区还是新建航站区。为此，在做航站区概念方案研究时，我们提出了以下三个备选方向。

1）扩建现有航站区（图2-51）

采用集中式航站区概念方案，类似浦东机场，设置一个集中式航站区，只需要集中在一处配置陆侧交通系统等城市配套功能设施。从城市角度而言，集中于一处开发，对原有规划的改变较小；从交通角度看，可以打造一体化的机场综合交通枢纽；从机场运行角度分析，可以实现高效率的枢纽运行，便于机场资源的共享；而工程投资方面，需要进行相应的改造工程投资，特别是陆侧交通需要重新整合。

图2-51　美兰机场3组远距跑道布局下的航站区构型示意（扩建现有航站区）

2）新建航站区的两个方案

采用分散式航站区概念方案，设置两个相对独立的航站区，则交通、市政配套系统需要单独考虑新增。

第一种模式，新建航站区选址于现有航站区东端（图2-52）。该模式下，对于城市而言，带来的好处是与东边发展用地结合得更紧密，可能形成新的机场陆侧

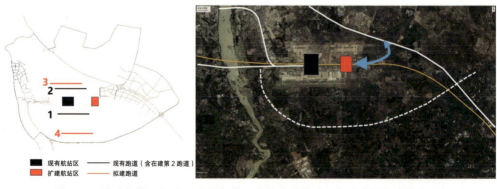

图2-52　美兰机场3组远距跑道布局下的航站区构型示意（东侧新建航站区）

开发区域，但对城市规划的调整较大；对于交通而言，机场的客运通道需要通过白驹大道、海文高速引入，这与临空产业规划中提出的客货分离的思路相悖；从机场运行角度来看，两个航站区的资源分配将成为较大难题，涉及将来航空公司的重新分配、航线布局；再从工程投资角度分析，则需要立即将现有东端的陆侧设施全部动拆迁，形成新的空侧区域，会增加三期扩建的投资。

第二种模式，新建航站区设置于第 1、4 跑道之间（图 2-53）。该模式下，对于城市而言，与机场以南的用地结合得更紧密，可能形成新的机场陆侧开发区域，但对城市规划的调整较大；对于交通而言，机场的客运通道需要通过绕城高速引入，但与绕城高速的过境交通未形成有效分离；从机场运行角度来看，两个航站区的资源分配将成为较大难题，涉及将来航空公司的重新分配、航线布局；再从工程投资角度分析，关键是面临新的征地。

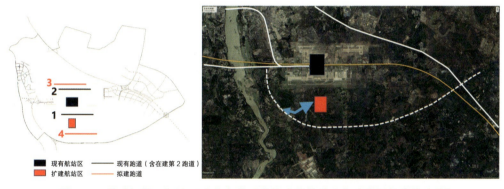

图 2-53　美兰机场 3 组远距跑道布局下的航站区构型示意（南侧新建航站区）

综合考虑，我们建议采用集中式的扩建航站区方案，在 T1/T2 航站楼基础上扩建延伸指廊，并规划控制东垂滑东侧的远卫星厅（图 2-54）。该方案将提供足够的

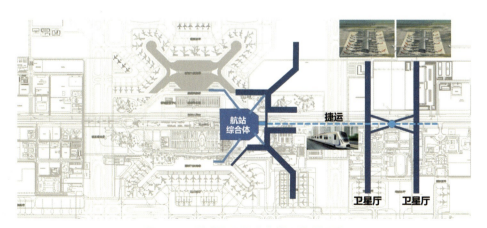

图 2-54　通过捷运系统连接卫星厅示意

机位数（图2-55），并可分步实施，有利于整合现有陆侧交通，提升美兰机场综合交通枢纽的一体化程度。

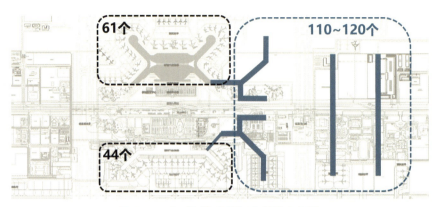

图2-55　美兰机场新增机位数量示意图

2.3.4　综合交通

美兰机场综合交通是支撑机场服务海口新发展需求的关键，最终目标是推动港城一体化融合发展。通过综合交通方案的策划引导，要重点推进空港与城市（临空）一体化转变、空陆系统的一体化转变（机场功能区交通与陆侧区域交通对接）、机场综合交通枢纽的一体化转变（客运）以及航空物流集疏运系统的一体化联动（货运）。在策划过程中，重点考虑了三个角度的问题。第一，全岛层面，自贸试验区的政策环境对美兰机场的功能定位、容量规模、临空产业发展提出了新要求，需要充分考虑机场总体规划的适应性调整；第二，海口层面，作为承载海口"双港驱动"战略的基地之一，美兰机场综合交通需要与城市综合交通有效衔接；第三，江东新区层面，美兰机场作为交通门户枢纽，应把握住江东新区发展的新契机，起到与新区城市发展结构互动与引领的作用。

策划研究中通过分析机场综合交通现状，发现主要存在三方面瓶颈，一是过境未分、客货未分，过境交通与进场交通"交叉"，现状绕城高速途经机场航站区；二是缺少机场功能区与临空区的衔接，各产业地块的对外快速出入口不明确，临空产业内部间的联系通道不明确，自贸区的专用通道尚未规划；三是公共交通偏弱，公共交通的"软肋"将进一步加重陆侧道路的交通压力。根据有关资料调研（2016年数据），进出机场的客运交通工具以私家车（26%）、出租车（25%）、大客车（21%）、机场大巴（15%）为主，而环岛高铁对于集疏运的骨干作用有限（图2-56）。

策划研究中还对机场航站区现状陆侧交通的适应性进行了分析（图2-57）。在公共交通换乘流程方面，现有公共交通换乘流程设置呈现的是"各自为政"的局面，不利于发挥公共交通作为机场陆侧集疏运交通骨干的功能；在旅客机动车进出机场及车道边上下客方面(图2-58),楼前陆侧道路系统的运行安全、可靠性有待提升。不同交通方式的车道边数量及分布情况,难以适应远期更大规模的旅客集散要求,如T1航站楼到港旅客乘坐出租车就需要在地面穿越道路,目前高峰期已经出现较严重的人员聚集问题。在过境/中转交通的需求方面,环岛高铁美兰站现状存在一定量的陆侧集疏运需求,随着江东新区建设的加快,通过美兰高铁站前往江东新区的需求将显著增加。

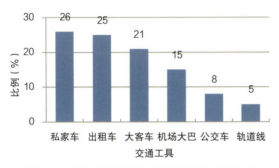

图2-56 美兰机场现状公共交通分担比例示意

图2-57 美兰机场航站区陆侧公共交通设施布局断面关系及现状照片

图2-58 现状机场T1航站楼出发层车道边

另外,后续航站区扩建的方式也将对陆侧交通布局产生重大影响。目前楼前交通规划与运行组织均以2008年版机场总体规划为基础,所能提供的陆侧交通容量难以与机场未来发展的更大旅客吞吐量目标相匹配；原 2008 年版规划的 T3 航站楼布局构型存在调整可能性，其陆侧交通道路车道边设置有较大变化。

美兰机场陆侧集疏运系统网络的优化按照"处理好四个对外关系、多个内部关系"的总体思路进行。四个对外关系（图 2-59）指的是要解决好四个方向的集疏运问题，中心城区方向，以"地铁＋市域铁路＋道路"的组合方式解决；新海港方向，以"城际铁路＋市域铁路＋道路"的组合方式解决；江东新区方向，以"地铁＋道路"的组合方式解决；文昌方向，则以"城际铁路＋市域铁路＋道路"的组合方式解决。多个内部关系重点是要处理好机场设施功能区之间、临空产业功能区之间的关系，前者主要依托机场捷运（客运）＋道路（客、货运），后者依托地铁（服务客运）＋道路（服务客货运）。

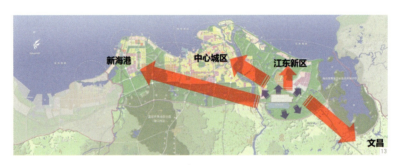

图 2-59 美兰机场的主要对外交通关系示意

1）道路系统优化策略

以机场总体规划、周边临空产业规划（前述产业规划方案研究成果）为基础，客运主进场路系统与过境系统分离，增加临空地区的快速路/主干路密度，增加特定产业功能区之间的联络，提供各产业功能区的对外通道。骨干道路系统交通组织采用客货通道分离（图 2-60，红色主要为客运通道，蓝色为主要货运通道）、货运通道分层（主干通道＋分支通道）和衔接重点方向的原则。

图 2-60 美兰机场主要道路体系示意

与现有海口市道路网络系统规划的关系体现为：客运通道（图2-61中红实线）采用"一横（主）+三纵（辅）"模式；货运通道（图2-61中深蓝、浅蓝实线）采用"一横（主）+两纵（辅）+一纵（自贸专用通道）"模式；过境通道（图2-61中紫色虚线）为绕城高速（在建中）；联系兼备用通道（图2-61中黄实线）采用"一横（客货混）"方式。

图2-61 美兰机场对外道路交通衔接示意

2）轨道系统优化策略

基于海口市最新的轨道交通网络研究成果，策划对涉及机场及临空区域的轨道系统提出三类功能发展策略，包括：①基本类功能，利用一般城市轨道交通线，建立机场与中心城的联系；②提升类功能，支撑双港驱动战略，将两港快线引入机场，并进一步外延；③新增类功能，建立机场-临空经济区-江东新区"三位一体"轨道交通骨架，形成江东大组团的轨道系统，发挥空港对江东新区的驱动作用。

对照三大功能，可以构建三个层次的轨道集疏运系统（图2-62），包括城际轨道（环岛高铁）、两港快线（市域铁路）、城市轨道（中心城区、江东新区地铁线），服务不同客群。同时，依托6个轨道枢纽换乘节点，形成机场-临空经济区-江东新区的组团发展核心。推进3个层次的轨道集疏运系统建设的策略包括：

（1）优化东环铁路（高铁），承接空铁联运交通，航空客流快速进出全岛，实现与海港的快速联系，辐射文昌、澄迈；

（2）构建两港快线（市域铁路），承接双港驱动战略，实现与中心城区的快速联系、与海港的快速联系，辐射文昌、澄迈，区域一体化；

（3）增加城市轨道支线、引入江东新区，服务中心城区与机场、江东新区、临空商务区；利用规划轨道交通4号线，兼顾机场与临空经济区的捷运功能；延伸轨道交通1号线主线并与支线相接，实现机场快速直达江东新区，串联临空产业区。

图 2-62　美兰机场对外轨道交通衔接示意

3）机场综合交通枢纽概念规划策略

通过对机场发展的最大限制性因素、陆侧对外交通组织（包括道路交通、轨道交通体系）、交通换乘组织等方面的综合分析，我们拟定了美兰机场后续发展的关键目标及相应策略。机场综合交通枢纽应能保证美兰机场年吞吐量9000万人次条件下的核心服务保障能力和服务水平，按照这一目标，首先要以机场航站设施、空侧设施的设置调整作为前提，策划中提出了调整T3航站楼规划方案，增加机场站坪面积的设想。对照基本目标，陆侧规划作相应调整，这其中最关键的三个点是：①提升美兰机场航站楼前陆侧道路系统运行的安全可靠性，综合利用楼前空间，相应措施是优化陆侧道路的匝道系统；②扩展美兰机场综合交通的轨道发展容量，提升陆侧交通整体承载力，相应措施是强化轨道交通骨干集疏运功能；③强化航站区陆侧交通一体化，提升旅客体验度，相应措施是优化陆侧区域的人车分离规划。

针对机场综合交通枢纽的优化建议具体如下：

（1）外部交通设施的接入：出入口在形式上应尽量采用全互通方式的定向匝道或立交。

（2）设施布局：要包含两大类设施，一是交通设施，二是机场正常运营所必需的辅助设施。以上设施应在确定机场跑道、航站楼等主体设施布局的前提下，合理安排平面布局。由于机场综合交通枢纽需要在有限空间内集聚多种交通方式，建议尽可能在立体空间上进行交通组织，以保证旅客安全、高效、便捷地换乘。

（3）GTC规划：除了社会停车外，长途汽车、轨道交通、机场巴士、摆渡巴士、常规公交，应根据实际需要在GTC范围内预留设置条件。美兰机场现在存在分别服务于T1、T2两个楼的GTC，如何整合提升是后续三期规划中必须要重点考虑的问题。

（4）停车设施规划：美兰机场的停车需求随着规模提升后，复杂程度与日俱增。在后续规划中至少要考虑短时、长时、租赁和员工停车需求，各类设施的需求、组织管理特征以及收费策略要突出"差别化"。

（5）车道边规划：车道边容量大小是机场运行稳定与可靠的重要因素。很重要的一个布设原则就是"多点接入"，避免车道边过度集中于一处。

（6）交通流线组织规划：对各类型车辆的流线组织方案，要尽量避免相互干扰，重点对各流线交织段进行分析。针对空港特有的流线，VIP 专用车辆行驶流线组织需要特别予以重视。

（7）机场工作人员交通规划：根据国外大型机场经验，一座规划年旅客吞吐量为 5000 万人次的机场，其员工规模在 1.5 万~3.5 万人，其产生的通勤等交通需求必须予以重视。这些通勤需求主要是由机场办公区、酒店、航空公司办公区、航食设施、航油设施、货运区等产生，因此机场内部道路交通组织优化非常重要。

4）机场综合交通枢纽概念规划布局

（1）为适应更高旅客吞吐量目标，提供足够的停机位，建议取消原 T3 航站楼，采用延伸指廊、增设卫星厅的方式（图 2-63），扩充站坪面积（即停机位数量）。

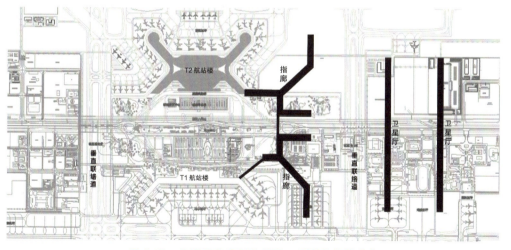

图 2-63　航站区扩建主楼指廊+卫星厅布局示意

（2）为适应更高旅客吞吐量目标，盘活现有陆侧用地资源，提供足够的陆侧交通空间，建议调整进出场道路及相关匝道系统，形成东西向中轴线的功能区域（如图 2-64 中红色虚线框范围所示）。

（3）建立多功能的陆侧交通一体化空间。在东西向中轴线新增区域布置三大功能模块，包含一体化公共交通中心、航站主楼综合体（含配套停车设施）、酒店综合体（图 2-65）。

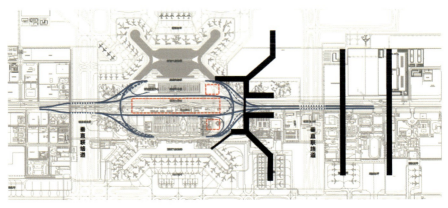

图 2-64　航站区楼前陆侧道路系统示意

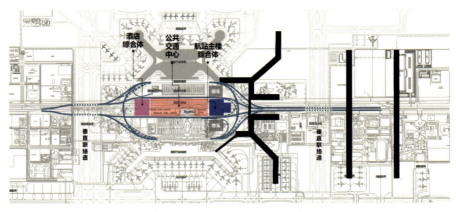

图 2-65　航站区楼前陆侧交通建筑设施布局示意

（4）扩充航站主楼功能，适应民航发展新趋势。应设置航站主楼综合体，通过专用通道连接新增的指廊，通过机场捷运系统连接卫星厅，并在综合体两侧设停车设施（图 2-66）。

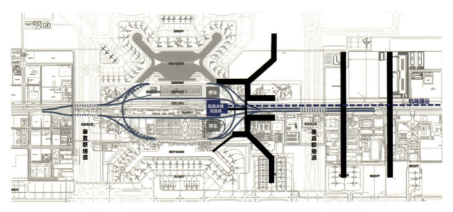

图 2-66　航站区航站主楼功能与陆侧设施融合一体示意

（5）整合现有陆侧交通资源。设置公共交通中心，包括轨道交通（环岛高铁车站、双港快线车站）、巴士交通（长途巴士、公交巴士、社会巴士）、网约车交通（上客点）（图2-67），并且上部空间可作相应配套开发。

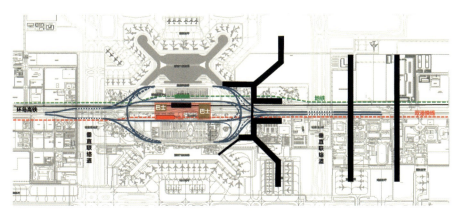

图 2-67　航站区陆侧公共交通资源集中布设示意

（6）串联多种功能设施，营造舒适的共享空间。设置二层步行系统（图2-68），旅客可以便捷进出 T1、T2、航站主楼综合体、公共交通中心、停车设施以及酒店。

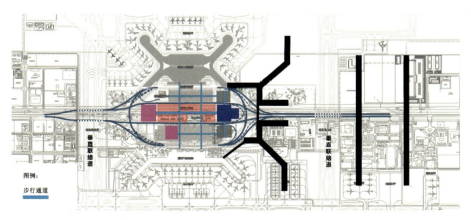

图 2-68　航站区陆侧交通换乘中心的步行系统示意

经过以上优化后，美兰机场综合交通枢纽平、立面概念总体方案如图2-69、图2-70所示。

5）机场综合交通策划研究对后续工作的建议

（1）开展机场总体规划修编。为了适应自贸区发展的客货量快速提升需求，建议对机场总体规划的跑道构型开展专题研究，调整航站区构型（调整原T3航站楼规划，建议可考虑延长指廊+卫星厅），增加站坪，提供更多停机位，适应8000

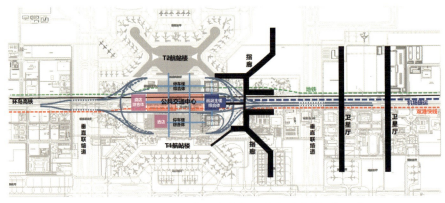

图 2-69　航站区陆侧交通换乘中心设施总平面概念示意

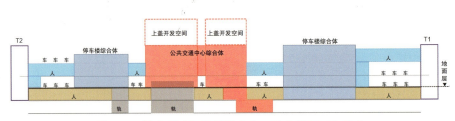

图 2-70　航站区陆侧交通换乘中心设施断面概念示意

万~9000万人次旅客吞吐量总目标；调整机场货运区布局（适应普货、快递等不同发展模式），结合机场空侧飞行区构型，提供更多岸线机位资源，适应200万~300万t货邮吞吐量总目标。

（2）开展综合交通集疏运网络专项规划。为建立机场与城市、区域之间的快速通道，建议引入快速轨道交通"双港快线"，为美兰机场枢纽门户提供多层次的轨道交通体系，适应不同层面需求；强化客货分流，为临空产业提供专用、便利的对外货运交通通道；加强与江东新区的道路交通、轨道交通联系。

（3）开展机场综合交通枢纽专题规划。应为进出客运提供更为便捷的公共交通接驳系统，特别是整合航站区楼前交通设施，实现"一体化"，提高旅客换乘公共交通的体验；优化枢纽核心区的道路布局，拓展楼前更多可利用空间用于交通及配套功能开发；将机场综合交通枢纽打造成江东新区对外开放的门厅。

3 轨道篇——海口市双港快线概念方案研究

近年来，海口市深入贯彻落实习近平总书记2013年视察海南的重要讲话精神，立足国家"一带一路"战略，明确了"东西双港驱动"的城市发展格局，着力打造东有以美兰机场为依托的空港新城、西有以新海港为依托的临港生态新城。当前海口客流量逐年增加，东西向交通瓶颈问题日益凸显，作为承载"双港驱动"战略交通联系功能的"双港快线"建设已迫在眉睫。"双港快线"的建设将推动城市交通结构优化，加快促进"海澄文"一体化，同时也是对原有规划的传承与延续。

原铁道部和海南省人民政府联合批复的《关于新建海南东环铁路初步设计的批复》（铁鉴函〔2007〕765号）已经明确"预留海口与海口东间开行小交路列车"、"考虑海口与海口东间具有城市轨道交通功能"。遵循"安全、便捷、经济"原则，按照"延伸现有城际列车运行＋新购专用市域列车＋建设直达线"的思路，推进美兰空港和新海港之间"市域铁路线"的条件已基本成熟。

近期可通过沿用现有列车车型、区分车厢管理、延伸东环高铁干线列车市域运行，将部分列车始发和终到点由海口东站变更为海口站，并启用长流、秀英、城西三个站点，先行开通市域铁路线，尽快达到不大于10min间隔运行的服务水平；考虑到市域铁路客流需求特征的特殊性，城际与市域混线运行从长远来看并不利于市域列车功能发展，因此远期规划将建设市域直达线，与东环铁路分线运行；在满足海口市长流—中心城区—江东核心组团间、美兰空港—新海港对外交通枢纽间的城市中等距离客运需求的同时，进一步延伸服务至澄迈、文昌方向。在更远期，将规划一条平行的城市轨道交通线路。

3.1 建设的必要性

1）海口具备的条件

海口以分别位于城市东西两端的美兰空港和新海港为依托，打造独具特色的"双港驱动"架构，这必将成为城市新一轮发展的主引擎，乃至引领海南国际旅游岛的腾飞。作为承载"双港驱动"战略交通联系功能的"双港快线"建设已迫在眉睫，它将高效联系两港，贯通长流、秀英以及城西等中心城区，形成三位一体的城市空间结构，使海口走向新的发展格局。

2）推动城市交通结构优化

根据《2016海口市交通状况年度报告》中年度发展综述，海口市中心城区仅主干路和次干路密度达标，快速路密度尚未满足规范要求，支路网密度偏低；而机动车保有量同比增长18.3%，千人小客车拥有率在国内同类城市中处于较高水平；

常规公交日均客流量比上年增长16.7%；早晚高峰拥堵路段大部分位于旧城、国贸、府城区域以及龙昆路轴线、南海大道轴线。可以预见，随着经济的发展、居民生活水平的提高，城区拥堵状况将进一步加剧。

双港快线沿南海大道东西走向贯穿海口多个城区组团，承担起城市轨道交通功能，将为缓解路面交通拥堵提供一种经济有效的解决方式，引领海口交通出行结构的优化转变。

3）加快促进"海澄文"一体化

海南省委六届九次全会提出：打造"海澄文"一体化的琼北综合经济圈，建设海南经济增长引领区。2016年海南省政府工作报告又将"海澄文"一体化综合经济圈正式写入报告，海口市十三次党代会进而提出把海澄文综合经济圈打造成全省最强劲增长极的目标，作为加快推进城乡一体化、统筹区域协调发展板块的重要内容。

当前"海澄文"一体化仍然面临诸多问题，其中较为突出的当属三地尚未形成一体化的交通模式以强化三地空间联系、促进三地融合发展。因此，双港快线的规划向东可延伸至文昌，向西可连接澄迈老城，为三地交通一体化提供良好的解决方案，从而加快促进"海澄文"一体化的进程（图3-1）。

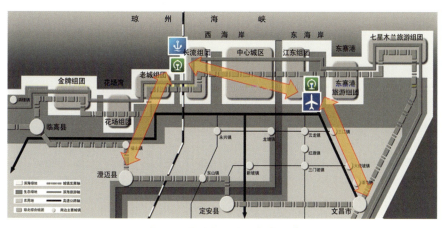

图3-1 海澄文一体化概念示意

4）城市、铁路规划的传承与延续，枢纽门户回归海口站

原铁道部与海南省政府发布的《关于新建海南东环铁路初步设计的批复》（铁鉴函〔2007〕765号）明确指出："采用海口、海口东与三亚间对开的城际列车开行方案"，"远期预留海口与海口东间开行小交路列车"，"考虑海口与海口东间具有城市轨道交通功能"。

中国中铁二院工程集团有限责任公司完成的《海口地区铁路总图规划（2016—

2030年）修编稿》（图3-2）显示：海口站定义为地区主要客站，承担海南东环、西环始发终到作业、跨海客货列车作业；海口东站主要办理部分城际客车始发终到及跨海客车、环岛客车的通过作业。海口站功能定位应高于海口东站，是海口地区的客运"中心站"，应尽快恢复海口站的枢纽地位。双港快线通过市域运行的方式将东环铁路恢复延伸至海口站，亦是一种对原有规划的传承与延续。

图3-2　海口地区铁路总平面布置示意

注：图片及图中文字取自《海口地区铁路总图规划（2016—2030年）修编稿》

3.2　总体发展思路

3.2.1　功能定位

双港快线作为承载"双港驱动"战略的重要组成部分，与空港、海港三位一体，不可分割。

从城市结构上看，海口的城市发展主轴为东西向，东有以美兰空港和海口东站为核心的空铁枢纽，西有以新海港和海口站为核心的海铁枢纽，两个枢纽之间通过双港快线串联长流组团、中心城区及江东组团，同时通过东西环岛铁路与三亚连接，形成海南整体上背靠大陆，辐射南海、东南亚乃至全世界的大战略格局。

双港快线应该是一个"轨道交通体系"，承载"双港驱动"的交通功能，其所串联的枢纽及城市片区组团各有不同的服务对象及旅客需求，诸如目的地、通勤时间、车票价格等，因此长远来看应当建立起一个完善的轨道交通体系，其中包括城市轨道（站点多、站距短、总耗时长）、市域铁路（连接城市组团、站点少、站距适中）及城际铁路（点对点直达、快速连接）（图3-3）。

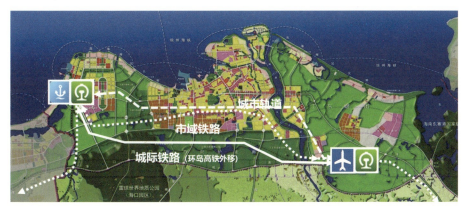

图 3-3　双港快线轨道交通体系示意

海口当前虽已有城市轨道交通网络的规划，但鉴于国家政策审批要求的提高，暂时无法落地，而另一方面，海口本身对轨道交通的需求在不断增大，因此建议充分挖掘和利用海口地区现有客运铁路资源及条件（东环铁路市域段），发展市域铁路，开行市域列车，尽快破解"双港驱动"战略落地的交通瓶颈问题，服务海口城市快速发展战略。

3.2.2　总体原则

做好市域铁路项目建设工作，应遵循"安全、便捷、经济"三大原则，与铁路部门共商共赢。一是确保相关技术方案符合铁路运行安全要求；二是积极引导海口市交通出行向以市域铁路为骨干的公共交通体系转变，充分做好市域车站的交通换乘与接驳，为市民、游客提供足够的便捷；三是合理把握市域铁路建设投资节奏，将财政资金用于能尽快出成效、符合市场规律、风险相对较小的技术方案。

市域客流的增长需有一个市场培育的过程，初期阶段服务间隔过大（大于20min）将不利于市场的培育。因此，在初期可通过高峰期与非高峰期的运力调度处理（如图 3-4 所示，显示了采用 CRH6F 车型的市域列车的两种发车间隔运输

图 3-4　市域客流需求与运行专门市域列车的运输能力对比分析

（数据来源：铁路部门可行性研究资料）

能力与客运需求匹配关系），将市域列车运行服务间隔分步、尽快提升至不大于 10min 的目标。同时在市场培育初期，应充分考虑市场的响应情况，及时调整调度。

3.2.3 多措并举

1）高铁列车延伸运行

本着集约利用现有铁路系统容量的原则，通过延伸现有东环高铁干线列车运行，将更多列车的始发终到点由海口东站变更为海口站（如图 3-5 所示，干线列车起终点均延伸至海口站）。干线列车在市域段站站停，并区分市域客车厢与城际客车厢，市域客购买"非对号入座"市域客车厢车票乘车。按照市域列车项目策划当年年末开通市域列车功能的目标，应能满足初期客运需求（铁路部门可行性研究报告预测 2020 年全日最大客流断面运量为 1.8 万人次）。针对突发大客流情况，海口市将会同铁路部门积极做好相关客流引导工作，包括车厢、车站以及周边交通、商业服务设施的旅客流线组织等。初步测算，需要投资约 1.1 亿元。

图 3-5　铁路现状及规划市域段开行对数

应做好利用城际列车延伸运行至市域段的铁路专项研究。在上述初期方案工作思路获得铁路部门原则认可后，海口市将继续与铁路运营部门、设计单位等保持密切沟通协商，组织专项研究，确保初期城际铁路延伸运行方案的落地。同时尽快开展客运管理系统的升级改造工作（含票务管理、售检票等），同步做好市域车厢分车门上下客、站台面先下后上等客运组织方案及设施调整到位，确保不影响干线铁路正常运营秩序。

2）增购专用市域列车

根据客流增长态势，及时购进市域列车，在协调城际干线列车运行时刻表的前提下，适时投入市域段（海口—美兰段）运行（图 3-6）。城际干线列车延伸试运行一段时间后，将积累更多市域铁路的客运经验，与城市综合交通体系的衔接组织更为密切，必将提高市域铁路在城市交通的分担量，可适度提前投放专门的市域列车，发挥专列运行效能。初步测算，需要再投入 2.9 亿元（含新购 4 列市域列车）。

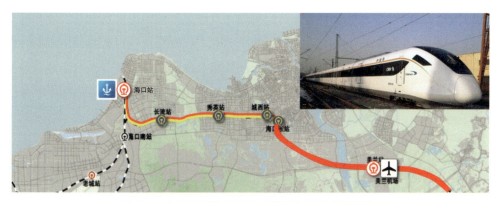

图 3-6　在市域段运行专用市域列车（图中黄色段）

我们认为，目前形势下解决两港联系的问题主要有两种方式（表 3-1）：一是改扩建，购买市域列车；二是局部调整，利用城际车厢。两者均要利用既有市域段铁路线，且初期服务频率相当，高峰期间隔均要达到 10min 以内。主要不同点在于建设投入、建设周期及市场风险等几个方面，而两种方式的焦点在于是否立即改扩建。

表 3-1　首期实施两港快线的举措分析表

	比较项目	举措一：改扩建，购买市域列车	举措二：局部调整，利用城际车厢	建议：两者结合同步推进
共同点	线路利用	均利用既有市域段		■ 措施一是市场需求增长趋势明朗后的必然选择 ■ 立即组织论证举措二的具体技术协调问题 ■ 尽快启动实施举措二，试水市场反应，为举措一的最终实施营造外部市场空间、争取时间
	服务水平	初期平均服务水平相当，通过安排时刻表，高峰最小发车间隔均能达到 10min 以内		
差异点	资源共享性	一般 ■ 以新购市域列车为主 ■ 维修设施需立即专门新建	更好 ■ 利用既有城际列车部分车厢 ■ 维修设施可共用三亚动车基地	
	建设投入	总计 4 亿元，其中： ■ 静态投资约 1.5 亿元 ■ 市域列车购置约 2.4 亿元	■ 可暂缓的主要投资包括：信号系统约 900 万元、电力系统约 2000 万元、3 座车站的安全滑动门系统 ■ 暂缓购置市域列车	
	建设周期	长（1 年以上）	短（工程量小，通过运营协调，短期内有可能）	
	运营成本	每年 8629 万元（暂不含扩建投资的折旧）	可节省线路使用费近 1500 万元（不是市域线，而是城际功能兼顾市域功能）	
	市场风险	若市场反应不佳，与预期运营效果偏离过大，将直接影响政府公众形象	■ 不能应对更大客流发展需求 ■ 具有可进可退的决策空间	

注：费用数据取自《海南环岛高铁海口至美兰段加开城际快线可行性研究（送审稿）》。

3）建设直达线

考虑到市域铁路客流与城际客流的需求差异性，其更接近于城市地铁客流特征，因而从长远来看，城际与市域混线运行是不利于市域列车功能发展的。海口市已组织铁路设计单位、相关咨询单位，共同研究市域铁路项目推进筹划方案。鉴于海口市市域铁路客运市场尚需培育，为最大限度发挥现有东环高铁海口市域段的效益，海口市市域铁路的总体发展思路是近期与东环铁路共线运行，远期规划与东环铁路分线运行，并将现有轨道完全用作市域线运行，在外围另择一条快速直达的城际高铁路径（图3-7），保障市域线及城际线互不干扰、平稳发展。

图 3-7　城际线外移（图中红色虚线段）与市域段（图中黄色实线段）分离概念示意

4）推进筹划

综上所建议的三步举措，要确保长远发展，同时也要兼顾现实需求，充分考虑市场响应周期、工程实施周期，三举措应同步启动（图3-8）。

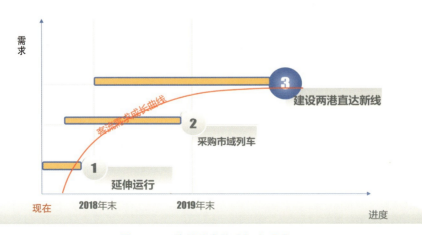

图 3-8　三举措同步推进概念示意

初期过渡阶段延伸东环铁路至海口站，利用现有城际客车的部分车厢运载市域客流，同时培育市域线客流市场。

当初期市场需求培育到一定规模时，过渡方式已无法适应更大规模的市域客流增长，则需增购市域专用列车，增加服务频率以进一步刺激市场发育，而新增列车订购周期较长，所以增购专用市域列车的计划应同步启动。

当远期市域市场需求趋于饱和时必然要将市域线与城际线分离，并将现有轨道完全用作市域线运行，在外围另择一条快速直达的城际高铁路径，保障市域线及城际线互不干扰、平稳发展，考虑到两港直达线的建设工程周期更长，因此在初期应同时开展直达线相关工作研究。

3.3　分期实施方案

3.3.1　初期过渡方案

1）初期旅客需求特征分析

根据铁路部门提供的《海南环岛高铁海口至美兰段加开城际快线可行性研究（送审稿）》中 2020 年市域段客流断面数据分析（图 3-9），日客流较高的断面位于秀英站至城西站、城西站至海口东站区段，其中秀英站至城西站市域客流为 17371 人次、城际客流为 11515 人次；城西站至海口东站区段市域客流为 15949 人次、城际客流为 19187 人次。因此，总体判断初期市域客流总量不大。

图 3-9　2020 年市域段断面客流分布示意

2）运输组织模式分析

（1）采用城际车厢运送市域客

结合国内一般地铁、市域铁路的出行特征，按照暂估高峰小时系数测算高峰小时客流水平，以 10min 发车间隔为目标服务水平，对比每列车的运输能力（采用目前正在环岛高铁上运行的现有列车数据），初期可以满足高峰断面的运输需求（表3-2）。

表 3-2　初期客流需求与城际列车车厢能力对比分析

区段	旅客类型	全日断面客流（人次）	高峰小时系数	高峰小时断面客流（人次）	高峰小时发车间隔（min）	单列车运送旅客需求（人次）		城际列车单列车运输能力（不含站席）人次
秀英—城西	市域客	17371	12%	2085	10	348	502	613（单节车座席80）
	城际客	11515	8%	920	10	154		
城西—海口东	市域客	15949	12%	1915	10	320	576	613（单节车座席80）
	城际客	19187	8%	1535	10	256		

（2）加密城际列车运行班次，延长运行至市域段

经测算，基于这种运输组织方式的运输能力可以同时满足城际和市域旅客需求（图3-10）。本次概念方案研究，采用两种方式测算延伸城际列车运行的方式：一是基于规划时刻表，二是基于现状时刻表。

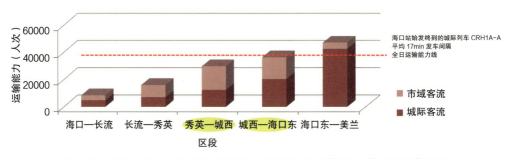

图 3-10　城际列车延长运行的运输能力与市域段全日客流需求对比分析示意

①基于规划时刻表的测算。按照《海南环岛高铁海口至美兰段加开城际快线可行性研究（送审稿）》中 2020 年客流预测数据和规划时刻表，8 节编组城际列车延伸 49 对至市域段运行时，初步测算分配 4 节车厢可满足市域客运送需求。根据铁路部门可行性研究方案中 2020 年干线列车试铺画运行图能力：95 对列车海口东站始发终到，11 对列车海口站始发终到（表3-3），按照延伸运行原则，考虑调整原东站始发终到列车中的 49 对车改由海口站始发终到，总计 60 对列车海口站始发终到。同时根据客流分布情况，高峰时段可进一步提高行车密度。

表 3-3　2020 年列车对数表　　　　　　　　（对 /d）

设计年度	2020 年	
区段	海口—美兰	海口东—美兰
列车种类	跨线车	大站直达
列车编组		8 辆
06:00 ~ 07:00		3
07:00 ~ 08:00	1	6
08:00 ~ 09:00		8
09:00 ~ 10:00		7
10:00 ~ 11:00		7
11:00 ~ 12:00	1	5
12:00 ~ 13:00		5
13:00 ~ 14:00	1	5
14:00 ~ 15:00	1	5
15:00 ~ 16:00	1	6
16:00 ~ 17:00	1	7
17:00 ~ 18:00	1	6
18:00 ~ 19:00	1	6
19:00 ~ 20:00	1	5
20:00 ~ 21:00	1	4
21:00 ~ 22:00	1	4
22:00 ~ 23:00	1	4
23:00 ~ 24:00		2
合计	11	95
市域列车	32	
总计	138	

②基于公布的现状商业运行时刻表。本次研究提取了 2018 年 4 月 2 日环岛高铁对外公布时刻表（来自铁路官网 12306.cn），选择上午 06：50—12：00 的计划运行班次情况。通过导入时刻表数据，试铺画海口—美兰段的 5h 内运行图（图 3-11），

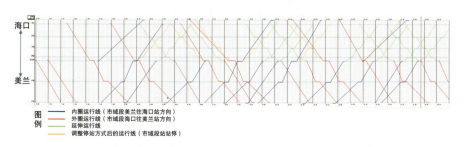

图 3-11　基于城际列车延伸运行概念的局部时段运行图试铺画示意

注：运行图中的城际列车 CRH1A-A 延伸至市域段的运行时分参考铁路部门可行性研究资料所列市域列车 CRH6A 速度曲线数据（并考虑裕量）

延伸运行后服务市域段的列车可达到 7 对，再考虑调整停站方式的环岛列车，服务市域段列车可达到 10 对；若将上述运行方式推广到全日（取 15h），预计总共可新增服务市域段列车 30 对。因此，基于 2018 年现状时刻表延伸运行城际列车 30 对，与可行性研究提出的 2020 年运行专门市域列车 32 对服务基本相当。按照上述开行对数，平均发车间隔 30min，但最小发车间隔可达到 12min。为满足上述运行方式，运行的城际列车车底数至少需增加 4 列。

3）车底数测算

车底数计算一般有 2 种方式，一种是采用基于周转时间的公式计算方式，另一种是采用运行图铺画方式。基于相关参数设置前提，车底数计算分析如下。

（1）按照公式计算方式

假设高峰时段东环高铁列车均在海口站始发终到，全程周转时间在 5.5h 左右（以现状海口站至三亚站周转一次的运行时间约 5h 为基础，再延伸运行后增加 0.5h），那么按照行车间隔 10min、15min、20min 考虑，则对应需要 33 组列车、22 组列车和 17 组列车。

初期开行发车间隔不宜过长，暂取 15min 发车间隔，根据周转时间的公式计算，在高峰时段至少需要 22 组列车在东环高铁上运行，而目前环岛高铁配属列车数为 18 组列车（其中备用 1 列），因此至少需要再增加 4 组列车。但该计算方式是将所有列车均用于东环交路，而实际运行中的西环交路和环岛交路尚未考虑进去，这是公式计算方式难以支持分析的缺陷，不能真实反映车底数的需要。

（2）按照运行图铺画方式

假设以不改变既有段运行时刻为基础，根据 2018 年 4 月 2 日环岛高铁对外公布时刻表（来自铁路官网 12306.cn），选择上午 06：00—12：00 时段的运行班次情况。将原来在海口东站折返的列车，均调整至海口站折返；将原来在海口东站—海口站区段的不停站列车均调整为站站停列车。按此方式调整后的运行图，需增配车底数 3 组。该方式所能提供的发车间隔在时段内是不均匀分布的，有些班次的发车间隔可达 12min，有些班次的发车间隔超过 30min。

对于增配多少车底数，既能满足市域段运力投放的基本要求，又可以不影响或少影响既有段现状的运力，这与铁路部门采用的运输组织参数密切相关，具体包括运行交路方案、停站方案、行车间隔、区间运行时间、停站时间、运行交路折返点的折返时间等。这些参数的设定是关键，建议请权威部门出面参与决策。

4）运用车底数保障方案

按照列车延伸运行的总体思路，就需要考虑投放"更多"的列车加入运行。这些更多的列车如何保障，就需要通过合理制订列车运行计划加以解决，例如采用不固定列车交路的方式运行，即列车采用长短交路结合的套跑方式（原理如图 3-12

所示）。从当前短时间的初期过渡方案来看，本次研究提出尽可能通过"挖潜"的方式解决车底数的保障问题。

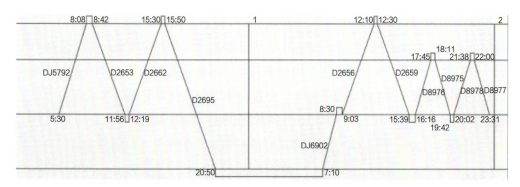

图 3-12　环岛高铁动车组车底运行交路原理示意

经过分析，新增的城际列车车底数可以通过两个途径来获取：一是环岛高铁备用车；二是加快各交路列车周转，列车车底套跑。具体措施说明如下。

（1）措施一：利用环岛高铁的常备列车

根据铁路运行维护的特征，环岛高铁全线除了保障正常运行时刻表所需的列车投入运行外，还会在此基础上安排适量的备用列车、检修列车，以保障所有列车都能够得到"轮换"使用，确保在线列车的运行可靠性。特别是备用列车往往需要处于"热备"状态，以应对在线运行列车一旦发生故障需要应急救援时投入运行。据了解，环岛高铁在春节期间为迎接客流高峰，能够加开临时旅客列车（图 3-13）。因此，本次研究分析认为挖掘现有动车组资源具有可能性，可充分利用已有的环岛高铁备用列车能力，短期内投放到东环高铁段运行，增加列车在线运行数量，以实现

图 3-13　可充分利用环岛高铁的备用车能力

列车长短交路套跑的运行方式。

（2）措施二：临时调整环岛高铁运行交路计划

根据目前环岛高铁的实际运行时刻表分析，环岛高铁运行的交路主要由东环交路、西环交路和环岛交路（海口东—海口东、三亚—三亚）三种类型组成（图3-14、图3-15）。综合考虑环岛高铁各区段需求分布情况，可临时性调整上述各交路列车的运行对数，同时对各交路列车的停站方案作适当临时性调整，以加快现有在线运行列车的周转时间、区段，使得这些列车能够延伸运行至海口市域段。

（a）东环交路（在海口与三亚之间沿海南岛东海岸往返运行高铁列车）　　（b）西环交路（在海口与三亚之间沿海南岛西海岸往返运行高铁列车）

图3-14　海南岛东环交路与西环交路示意

（3）措施三：合理压缩区间运行时分，加快列车周转

根据现状时刻表分析，美兰至海口段的区间运行时间具有压缩空间，建议对动车组的牵引计算再作专题研究，看其他区间是否还有压缩运行时间的可能性，提出可行方案，以此作为进一步提高列车周转效率的重要举措。

5）车站客运组织方案分析

根据铁路部门提供的《海南环岛高铁海口至美兰段加开城际快线可行性研究（送审稿）》中2020年市域段各车站上下客数据分析（图3-16），每日市域进出站客流量较大的车站是秀英站、城西站、长流站，其中秀英站市域客流进站10100人次，城西站市域客流进站6595人次、长流站进站5539人次。因此，总体判断初期市域段主要车站的进出客流总量不大。

车站范围的客流组织方案以营造安全出行环境为目标，关键抓好上下车、进出站环节（图3-17）。通过站厅层，区分市域旅客与城际旅客的进出站闸机口，结合

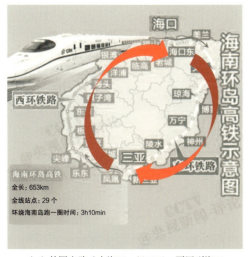

(a) 外圈交路（由海口，经三亚，再回到海口，沿海南岛顺时针方向运行高铁列车）

(b) 内圈交路（由海口，经三亚，再回到海口，沿海南岛逆时针方向运行高铁列车）

图 3-15　海南岛环岛交路示意

图 3-16　2020 年市域段各车站进站客流示意

注：客流数据来自《海南环岛高铁海口至美兰段加开城际快线可行性研究（送审稿）》

站厅、站台标识将不同客流引导至相应车厢车门（区分城际旅客车厢和市域旅客车厢），分离市域客与城际客流线。建议市域旅客对应的车厢采用不对号入座的方式，即市域旅客车厢为非指定席车厢，以加快旅客上下车。站台面对应的城际旅客车厢和市域旅客车厢的范围，与初期确定的前述两类车厢构成数量相匹配，具体数量依据客流情况可作适当调整。城际列车与市域列车的车门宽度有所差异，市域列车车门宽度要明显大于城际列车车门，以适应市域客流密度高于城际客流的情况。但考虑到前述初期需求特征分析认为客流需求总量不大，再加之班次密度不大，停站时间有一定富余，再加上适当客流引导措施，本次研究认为车门可能引起的旅客上下车拥堵的"瓶颈"问题是可控的。

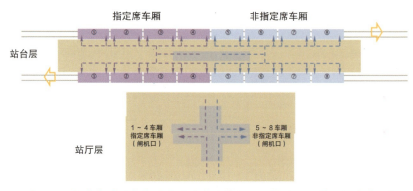

图 3-17 初期市域段各车站进站旅客流线组织示意（以 8 节编组为案例）

车站周边城市配套交通方案以提供便捷出行环境为目标，加快市域车站周边综合换乘交通配套建设。应加快构建长流、秀英、城西三座市域车站的综合配套功能，将每座车站打造成小型交通枢纽，发挥其带动周边地区发展的辐射功能。综合配套功能包含城市公共交通接驳系统（常规公交、出租车、穿梭接驳巴士、共享单车、自行车等）、联系周边商业/社区的步行交通系统（高架、地面过街通道等）、立体停车系统以及综合开发设施等（图 3-18、图 3-19）。

公交车

出租/网约车

穿梭巴士

共享单车

步行连廊（空中）

步行连廊（地下）

图 3-18 车站周边多种接驳交通方式

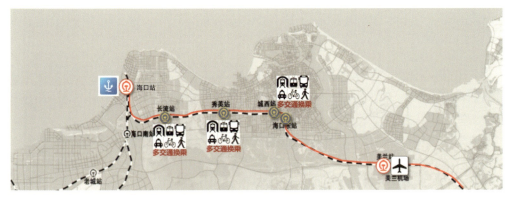

图 3-19 依托市域车站打造小型城市交通枢纽（多交通换乘）

6）采用初期延伸城际列车方案后的投资分析

初期过渡期间因缓购市域列车，与增购列车相关的部分土建工程可暂缓投资，包括新建 2 线动车检查库的建设对应的路基、轨道工程；部分土建工程投资可核减，包括新建 2 线动车检查库。机电系统可以相应核减部分投资，包括通信、信号及信息、电力及电力牵引供电、与车辆相关的客车段设备、4 个车站的滑动门改造。以上总计可暂缓投入约 4660.25 万元。机车车辆部分购置费用可暂缓投入，约 2.41 亿元（机车车辆购置费调整为现有城际列车租赁费，纳入运营成本中）。综合测算，初期投资可降至约 1.2 亿元。

3.3.2 远期方案构思

海口的发展既要满足城市自身的需求，也需要兼顾海南全岛的需要。作为海南岛的门户，海口的公共交通体系更是如此，它应当着眼于全省和全市两个层面的目标要求。因此，在市域快线的规划建设思路上，要充分利用好既有环岛高铁市域段，为海口城市发展奠定轨道开发基础，偏重于或完全用于城市市域范围的轨道运输功能。同时，也要为环岛高铁通往海铁枢纽（如第 1 章 "海港篇" 描述的海铁枢纽策划）找到新的出路。总而言之，市域快线在海铁枢纽与空铁枢纽之间实质上是一个轨道体系（图 3-20），包含了：

（1）城市轨道：多站点、小站距的城市地铁，服务既有公共交通出行需求；

（2）市域轨道：仅仅串联起有待拓展的城市新空间，服务潜在公共交通出行需求；

（3）城际轨道：与市域轨道分线运行后，可以提升环岛高铁自身的运营效率，更好地提供全岛其他城市与海铁枢纽、空铁枢纽的快速连接服务。

1）市域铁路接入海口站方案设想

海口站是海口地区的铁路门户枢纽，衔接东、西环高铁，以及未来的琼州海峡跨海工程（图 3-21）。建议对海口站的整体功能、设施布局等进行相应调整。具体

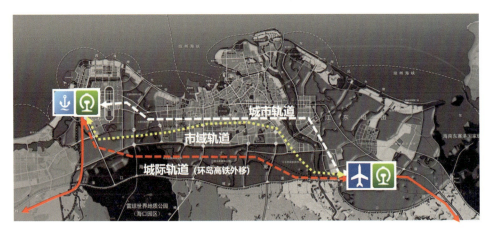

图 3-20　远期市域轨道（黄色虚线）与城际轨道（红色虚线，东环高铁外移）分线运行

方案是：海口站设立普速场、市域场、东环场、西环场，每个车场分别服务于不同的列车，其中市域场服务市域铁路列车的始发终到。在现有客车技术整备所基础上，扩建动车所功能，能够承担一般性的动车组检查功能。因市域铁路与东环铁路分线，故海口站南咽喉区将有 3 条专用客运铁路引入，分别是海口东站方向引入的市域铁路、美兰站方向引入的东环高铁（线路外移后）以及西环高铁，整个南咽喉区需做相应改造。同时，因原海口站西侧是货运列车车场，需将该功能协调调整至海口南站。

图 3-21　海口铁路枢纽布局规划示意

（图片来源：《海口地区铁路总图规划（2016—2030 年）修编稿》）

2）市域铁路接入海口东站、美兰站方案设想

海口东站是东环高铁目前主要的客流集散车站，因此从长远分析，市域铁路与东环高铁分线后，原来东环高铁上运行的城际列车在海口市的始发终到车站将由原来以海口东站为主，调整为以海口站为主、海口东站为辅的模式。

按照上述调整模式，建议市域线的始发终到车站为美兰站，具体使用中间两股道，东环高铁线的大部分列车始发终到车站将移至海口站，海口东站只安排少量始发终到的高铁列车停靠（图 3-22）。这样的运行组织模式意味着市域线与东环高铁线在海口东站与美兰站区段有部分列车共线运行，需要协调市域铁路与东环高铁的时刻表。

根据前述的东环高铁在海口市大部分始发终到列车安排在海口站，建议在美兰站南端的区间线路分岔，引出两条主线，经美兰站预留的两侧到发线后，再直接转向海口站方向。该方案设想需要与铁路部门进行专题研究沟通，建议在后续市域铁路规划专题研究中，作为重要的控制性节点工程加以研究，以获取最大的可操作性，将市域铁路与东环高铁的分线实施工程对已运营线路的干扰降至最低。

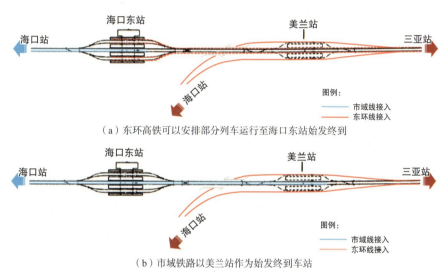

（a）东环高铁可以安排部分列车运行至海口东站始发终到

（b）市域铁路以美兰站作为始发终到车站

图 3-22 海口东站、美兰站站场功能调整示意（市域铁路与东环高铁分线后）

3）关于启动市域铁路建设工作的若干建议

建议海口市尽快成立"海口市市域铁路项目公司"，由项目公司组织研究市域铁路与环岛高铁分线运行的工程实施方案，承担市域铁路项目全过程管理，包括前期、建设、运营等；由项目公司尽快启动市域铁路规划方案专题研究（为项目立项提供技术支撑），推动市域铁路与环岛高铁分线工程尽早实施，尽快独立运行。在分线工程完成前，项目公司负责购置市域列车，与城际列车共线运行，以服务初期的市域铁路运营。

建议加快研究市域铁路控制性节点方案，包括：市域铁路接入美兰机场的方案（图 3-23）（美兰机场二期扩建工程应提前做好市域铁路在美兰机场设站的工程预留，而预留通道的轨道线路衔接方向可考虑两种路径，如图 3-24 所示）；市域铁路与海口东站的衔接方案（解决市域铁路与环岛高铁的分界点）；开展市域铁路延伸至文昌、澄迈的规划控制方案研究（图 3-25）（做好市域铁路线位通道及站场的规划控制，与沿线城市规划相协调）。

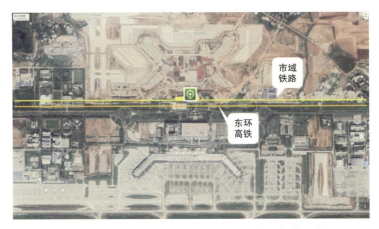

图 3-23　新建独立的市域铁路引入美兰机场概念示意

图 3-24　由市域铁路既有城西站选择新通道（黄色虚线）东延至美兰机场概念示意

图 3-25　市域铁路外延伸后推动海澄文一体化功能示意

建议海口市先期启动市域铁路"城西站—美兰机场"段的工程建设，研究采用PPP项目公司等开发模式，结合代建、委托运营等方式，加速市域铁路建设运营进程，并以此为契机培育海口市的轨道交通人才体系。启动该段建设的作用体现在以下几方面：①该段工程一旦投入使用，可以解决利用环岛高铁开行市域列车在海口东站—美兰机场段的运能瓶颈，为实现市域列车与城际列车运行的彻底分离走出"关键一步"；②该段工程的建设可以成为海口市与铁路部门"路地"合作的示范工程，更是在海南省全岛推进自贸区/自贸港建设的大背景下，海口市具体落实"双港驱动"战略的"重要一环"；③该段工程可以成为海口市发展城市轨道交通体系的"先导工程"，可以快速启动海口市轨道交通建设运营队伍的建设，更能加快双港快线工程向真正意义上的海口市域铁路工程转变。

4 城市篇——依托两港一线，重筑海口城市结构

一般情况下，城市空间结构的重新塑造会在城市内部用地改造和市郊扩张两个方面进行，并由此孕育出新的城市结构。但是，如果没有一个明确的城市空间结构规划的指导，这种塑造就会变得无序而表现为膨胀。中国大城市空间的变迁和扩张一般表现为四种类型：一是内涵式的变迁（城市更新或解体）；二是无序的、外延式的扩张（摊大饼）；三是沿着交通走廊的扩张（轴向发展）；四是在城市一侧或几个方向形成新的城市建成区（定向扩张）。

城市规划是一种典型的政府干预。"展望性干预"是城市规划的重要任务之一，通过这种干预，一方面体现规划者对城市发展规律和未来的把握，另一方面也体现了人们对城市未来的价值取向和对美好未来的构想。

事实上，城市空间结构的变化不单纯是经济运作的产物，政府对城市空间结构的形成也起着重要作用，特别是城市综合交通、城市土地的规划与审批是城市空间结构发展的主要控制因素。因此，有必要认真研究城市发展的客观规律和海口市民对未来城市生活的价值取向，以利于干预的合理性和有效性的提高。

"城市空间结构"是指构成城市的诸要素在地域上的分布，是人类社会经济活动的空间上的投影。我们理解双港驱动是海口应当选择的相对稳定的城市空间发展方式，主要包含交通与出行方式的变化、人口的迁移、产业和重大设施的选址等要素。双港驱动战略中的"三剑客"就是海港、空港和双港快线，海港、空港是海口的门厅，是资源的出入口，双港快线是海口的血管，是资源在城市内流动的通路，为城市发展的"单元细胞"输送养分，这些单元细胞应该被打造成为一个个独具特色的城市核。

我们认为：海口市的新海港与美兰空港之间应该是"核-轴"式结构，核就是几个城市中心和交通枢纽，轴就是串联这些中心和枢纽的轨道交通。

4.1 案例对标与启发

世界级的海洋型城市大多选择"空港+海港"模式驱动城市的外向型发展、促进产业汇集，如深圳、香港、新加坡及上海等。

4.1.1 深圳

深圳宝安国际机场位于深圳市宝安区、珠江口东岸，距离深圳市区32km，为4F级民用运输机场，是世界百强机场之一、国际枢纽机场、中国十二大干线机场之一、中国四大航空货运中心及快件集散中心之一。深圳机场于1991年10月正式通航，根据其官网信息，机场共有飞行区面积 770 万 m²，航站楼面积 45.1 万 m²，机场货仓面积 166 万 m²；新航站楼占地 19.5 万 m²，共有停机坪 199 个（廊桥机位 62 个）；共有 2 条跑道，其中第 2 跑道长 3800m、宽 60m；航线总数为 188 条，其中，国内航线 154 条、港澳台地区航线 4 条、国际航线 30 条；通航城市 139 个，其中国内城市 108 个、港澳台 4 个、国际城市 27 个。2017 年，深圳宝安国际机场实现旅客吞吐量 4561.07 万人次，同比增长 8.66%，位居全国第 5 位；货邮吞吐量 115.90 万 t，同比增长 2.93%，位居全国第 4 位；全年航班起降 34.04 万架次，同比增长 6.84%。

深圳市 260km 的海岸线被九龙半岛分割为东西两大部分。深圳西部港区位于珠江入海口伶仃洋东岸，水深港阔，天然屏障良好，南距香港 20nmile，北至广州 60nmile，经珠江水系可与珠江三角洲水网地区各市、县相连，经香港暗士顿水道可达我国沿海及世界各地港口。深圳东部港区位于大鹏湾内，湾内水深 12～14m，海面开阔，风平浪静，是华南地区优良的天然港湾。2016 年，深圳港集装箱吞吐量达到 2398 万标准箱，连续 4 年位居全球第 3。据深圳市港务管理局统计，2019 年上半年深圳港集装箱吞吐量达到 1240.78 万标准箱，比去年同期增长 2.75%。

深圳的空港、海港恰好位于整个城市的东西两端（图 4-1），都有各自的发展空间，通过城市交通基础设施向深圳市区及深圳产业腹地进行辐射，起到了深圳门户枢纽的引领作用。另外，两个港口对于产业也形成了各具特色的带动作用，围绕空港，周边的城市服务产业，包括会展、商务、商业等中高端服务产业逐步集聚；围绕海港，制造、加工及物流产业快速发展。显然，空港、海港对于深圳城市结构的影响是巨大的，它们已成为深圳对外吸引资源、资本的重要平台。

图 4-1 深圳双港驱动概念示意

4.1.2 香港

香港国际机场位于中国香港特别行政区的新界大屿山赤鱲角，设有 182 个停机位、2条跑道，跑道长度为3800m，24小时全天候运作。香港国际机场曾在12年内被英国航空评级机构Skytrax八度评为全球最佳机场，是世界最繁忙的航空港之一，全球超过100家航空公司在此运营，客运量位居全球第5位，货运量多年高居全球首位。2019年，机场共接待旅客7150万人次，其中中转旅客占1/3；货物与邮件的运送量超过500万t，其中货物运送量达到了480万t。

香港的维多利亚港位于香港岛和九龙半岛之间，港阔水深，是世界三大天然良港之一。维多利亚港主要承担集装箱运输的是葵青港区，而香港海运市场主要有两个，一是华南地区货物，二是国际转运。

在香港新机场建成投运前，香港的空港、海港均位于维多利亚湾内，但随着城市的不断拓展，两港过于集中，对城市发展显现出明显不协调的问题日益突出。新机场建设为香港向西发展提供了城市拓展的新空间，成就了现在空港与海港两翼齐飞的新格局（图4-2）。新机场的建设，不但解决了香港机场自身发展受局限的问题，更重要的是城市核心区用地紧张、城市与航空港相关业务发展产生冲突等问题得到有效缓解，城市结构发生了巨大变化。这些经验和做法都值得城市管理者在协调空港与城市发展关系，对重大交通基础设施进行布局规划和后续更新时参考借鉴。

图4-2 香港双港驱动概念示意

4.1.3 新加坡

新加坡樟宜国际机场，占地13km²，距离市区17.2km，是新加坡主要的民用机场，也是亚洲重要的航空枢纽。机场由新加坡民航局营运，是新加坡航空、新加坡航空货运、捷达航空货运、欣丰虎航、胜安航空、捷星亚洲航空和惠旅航空的主要运营基地。此外，它亦是加鲁达印尼航空公司的枢纽和澳洲航空的第二枢纽。2019年表现亮眼，不论是乘客人数、航班起降数量或航空货运量都刷新纪录，其中客运量达到6830万人次、货运量达到200万t。

新加坡港位于新加坡的南部沿海，西临马六甲海峡的东南侧，南临新加坡海峡的北侧，是亚太地区最大的转口港，也是世界最大的集装箱港口之一。该港扼太平洋及印度洋之间的航运要道，战略地位十分重要，由世界第二大港口经营管理公司新加坡国际港务集团有限公司管理。新加坡港与世界上123个国家和地区的600多个港口建立了业务联系，每周有430艘班轮发往世界各地，为货主提供多种航线选择，平均每12min就有一艘船舶进出，一年之内相当于世界现有货船都在新加坡停泊了一次，所以新加坡有"世界利用率最高的港口"之称，成为世界上最繁忙的港口之一。

空港联运是新加坡海港与新加坡空港合作开展的一项增值业务，它通过海运和空运的配合与衔接，充分利用两种运输方式的各自优点，满足用户的特殊需求（图4-3）。空港联运本身并没有给新加坡带来可观的箱量和收入，但它确实满足了客户的应急之需，极大地提升了客户对新加坡港的信任度和新加坡作为国际航运中心的知名度，在广泛和长远意义上为新加坡港带来了丰厚的回报。

图4-3 新加坡双港驱动概念示意

4.1.4 上海

上海浦东国际机场位于上海市浦东新区，距上海市中心约30km，为4F级民用机场，是中国三大门户复合枢纽之一，是长三角地区国际航空货运枢纽群成员，华东机场群成员，华东区域第一大枢纽机场、门户机场。机场拥有2座航站楼、1座卫星厅和3个货运区；拥有跑道4条，分别为两条3800m、一条3400m、一条4000m。2019年，年旅客吞吐量为7615.34万人次，年货邮吞吐量为363.42万t，年起降航班511846架次。2020年，浦东国际机场的年旅客吞吐量将突破8000万人次、货邮吞吐量突破340万t，有望跨入世界十大机场行列。

上海虹桥国际机场位于上海市长宁区，距市中心13km，为4E级民用国际机场，是中国三大门户复合枢纽之一、国际定期航班机场、对外开放的一类航空口岸和国际航班备降机场。机场建筑面积为 51 万 m^2；航站楼面积为 44.46 万 m^2；拥有跑道 2 条，长度分别为 3400m、3300m；停机坪约 48.6 万 m^2，共有 89 个机位。2019 年，年旅客吞吐量为 4563.78 万人次，货邮吞吐量为 42.36 万 t，起降架次为 27.29 万架次。

上海港位于长江三角洲前缘，地处长江东西运输通道与海上南北运输通道的交汇点，是中国沿海的主要枢纽港，中国对外开放、参与国际经济大循环的重要口岸。上海市外贸物资中 99% 经由上海港进出，每年完成的外贸吞吐量占全国沿海主要港口的 20% 左右。作为世界著名港口，2019 年，上海港完成货物吞吐量 7.19 亿 t，完成集装箱吞吐量 4330 万标准箱，自 2010 年以来连续 10 年保持世界第一。

上海是中国面向亚太地区、全球的主要经济门户，定位目标是发展成为全球卓越城市。回顾上海城市总体规划演变过程，我们不难发现，规划者非常重视城市重大交通基础设施及其关联产业经济区的布局。如果说外高桥港—洋山港组成的"南北向轴"是一把弓箭的"弓"，那么浦东机场、虹桥枢纽（空铁枢纽）就是这把弓箭的"箭"，是上海城市东西发展的主轴，"箭头"浦东机场是面向国际的开放枢纽，"箭尾"虹桥枢纽则是上海引领长三角一体化发展的核心枢纽。显然，通过改革开放至今的不懈努力，上海已经成功地将一个国际大都市的城市结构与空港、海港的发展紧密地联系在一起，实践证明多港驱动战略对上海的城市发展起到了巨大的推动作用（图 4-4）。

图 4-4 上海多港驱动概念示意

4.1.5 对海口的启发——双港驱动，港城一体化

城市与交通是一对相生相伴的"孪生"兄弟，城市是人员交往的场所，而人员交往要依赖于各种交通才能汇聚到一个空间。随着交通方式不断地更新发展，国内大型综合交通枢纽的发展热度不断上升，它不仅是城市各种交通方式转换的场所，更重要的是它已成为城市经济发展的重要平台。

海口从城市发展的格局来看，属于典型的带状城市，人员和物资的进出主要依托东、西两端。新海港、美兰空港是海口、海南的对外门户，一方面它们各自拥有与生俱来的交通枢纽功能，这是发展交通枢纽经济的必备要素，同时它们又恰好位于海口东西两个端头，即西海岸、江东组团，是海口城市发展的两个重要组团（图4-5）。

图4-5　由海铁枢纽+双港快线（市域铁路）+空铁枢纽组成的"两港一线"发展示意

1）新海港——面向陆岛－海洋的门户

新海港是陆岛间交通的必经之处，在完成一般意义上的海上运输功能之外，围绕新海港交通枢纽的区域一体化开发是必须认真思考的一个课题。之所以这么说，是因为我们不能仅仅把新海港看作一个过海码头，而是要站在整个海口西部发展的层面来认识，海南进出岛的大部分人员和物资都要途经此地，只要有人、有物集散的地方，就一定会孕育出新的市场，有了市场必然对城市功能提出更高要求。因此，新海港综合交通枢纽的规划、建设与运营，是城市重大基础设施建设带动城市发展的最佳实践场所，伴随着交通枢纽的建设，其周边一系列的城市功能设施也应当统一规划、分期开发建设。新海港发展的另一个重大有利因素就是拥有铁路资源——海口火车站，它是海口、海南的铁路枢纽，已运营的环岛高铁以及正在规划研究中的过海高铁都在此设站。

对于拥有海港、铁路两大对外交通要素的新海港片区，没有理由不能成为海口市未来发展的发动机之一。因此，在两港一线的策划中，我们特别强调打造海铁综合交通枢纽的必要性和重要性，它是对海口城市空间结构发展的开创性思考的结果。推进海铁枢纽的建设，能够激发起海口西部的新一轮发展，打通海口作为陆岛间公路—海运—铁路运输的节点，使其功能设施得到全面升级，畅通客货流的流动，让更多社会开发资源向其聚集。

2）美兰空港——走向国际化的枢纽

如果说新海港更多地是海南、海口面向大陆、海洋的门户，那么美兰空港就是海南、海口面向全球、走向世界的门户。空港的最大优势，对于人而言，是吸引中高端企业、人士的必备条件；对于物资流通而言，则是追求高效的必然选择。美兰空港作为国家、地区层面的航空网络节点，它是国家面向东南亚开放的重要门户，再加上自贸港、国际旅游岛等各种政策的加持，其国家化、枢纽化战略需求日趋明显。但是理想是丰满的，现实是骨感的，美兰空港现状不能适应这些发展的要求，主要体现在机场本身功能设施难以承载更大客货运输需求，进出机场的交通将面临巨大挑战，临空港地区的开发开放需要进行重新整合等，这一系列工作都是摆在海口市政府、空港建设运营者面前的当务之急。随着江东新区的成立，空港经济已经被纳入江东新区总体规划，成为其关键元素之一，这也证明了海口市非常清楚地认识到，临空经济如果发展好了，将带动江东新区、海口的创新发展，将向世人展示海口全面开放空港枢纽型经济的新蓝图。

在蓝图实施的过程中，要保持对空港驱动城市发展的初衷不变，首要是对空港枢纽及临空地区建设运营制订一套相对系统化的规划。这套规划里对一些控制性要素要有明确的原则和界定，例如机场容量、关键设施（跑道、航站区、陆侧交通以及机场必需的生产设施），以保障临空经济发展的基础空间需要；而对于由机场各功能区所延伸出来的四大产业链布局，最重要的是项目进出规则的制订和落实，确保以市场化角度来高效运作可开发资源。

除此之外，对于系统规划的执行更是重中之重，这就离不开一套行之有效的机制体制来护航。空港作为基础设施，属于准公共产品，一方面要承担城市交通的基础性功能，要保证社会公众利益的最大化，但同时又要产生相应的收益。因此，空港建设运营不能视为一个单一的项目，而是许多项目组成的集合体，应根据这些项目可经营性、可拆分性的维度，对项目进行相应区分，针对不同类型的项目制订不同的融资发展、建设运营策略。在这样的项目策划方式下，对于需要政府以公共财力予以支持的项目（主要是机场跑道、市政配套等基础设施），就应当由具有国有属性的机场管理当局来负责，也可以由机场管理当局寻求国内具有相应投资建设运营能力的企业合作完成。而对于那些可以通过引入市场化竞争的产业（货运物流、航食配餐以及航空相关衍生产业等），则以机场当局代表海口市政府搭建公共平台，吸引各种社会资本参与到空港的一系列建设经营活动中，合理分散空港开发建设的风险，也唯有此才能最大化激发市场潜能，刺激临空经济的快速发展，逐步推动机场对于临空区域的带动发展。

4.2 引导城市交通可持续发展

城市经济的发展一方面要能够吸引外来的资源,另一方面要同样能够挖掘本地资源。对于外来的资源,要让进出海口从事商务、旅游等活动的人士从海口对外的两大门户快捷地到达目的地,离不开一张城市综合交通网络的支撑,而这其中公共交通应当也必须成为骨干,这是海口建设生态城市、可持续发展城市的必然选择。对于这样一张网络,很难做到每一个出行者直达出行目的地不需换乘,因此城市交通一个最核心的任务就是组织好枢纽换乘。海口应选择依托城市轨道交通来组织城市综合交通体系(图4-6),将其作为改善城市发展的主要选项之一,形成城市的多层次交通的分区服务(图4-7)。这个体系构建包括基于出行者视角的出行链的构建、基于轨道车站的公交线网重构等(如图4-8、图4-9所示),并包含不同交通方式线网布局和换乘节点多种组合。

现在市域列车的开通是海口市城市轨道交通发展、建设双港快线迈出的第一步,但接下来还有很多工作要持续去做,才能处理好海口市公共交通网络与城市经济发展的协同。

第一,海口的城市公共交通线路应该由干线和支线两部分组成。干线应采用高速度、大运量、准时、安全的交通方式,也就是说应该选择轨道交通系统。支线则

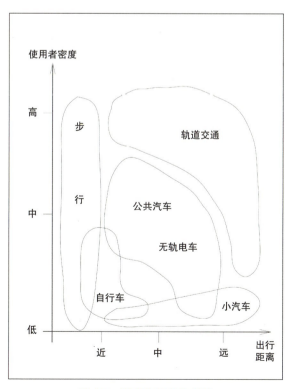

图4-6 城市客运交通结构

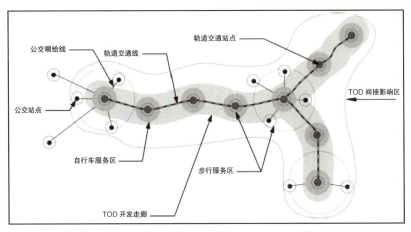

图 4-7　以轨道交通为骨干的城市客运组织架构

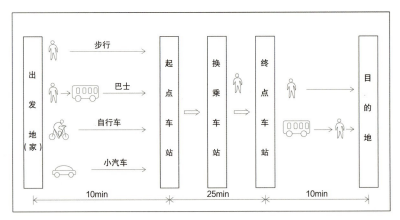

图 4-8　市民利用轨道交通的出行链示意

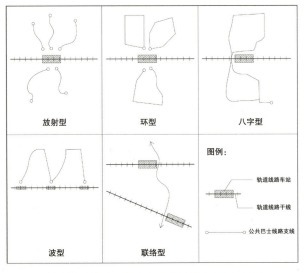

图 4-9　以轨道交通为核心的巴士线网方式

应定位为干线的"摆渡"交通,以大、中型巴士为主。

第二,海口公共交通的干线网是轨道交通,而干线网中的骨干应当是双港快线,它承担起干线网与两大门户枢纽之间最快速、最直接的联系功能。

第三,支线可采用放射形、环形、八字形、波形、联络型等多种线网方式,提供地区内部性的交通。同时,可采用小站距、短线路和中、小车型等高效率、低成本的运营方式,为社区居民提供方便的交通,也为干线提供摆渡式集散乘客的服务。

按照上述以轨道交通为主体的城市客运交通结构,轨道交通车站将成为海口市民出行的一个重要节点。我们设想一下未来一位居住在西海岸或者江东的市民的出行,首先他可以步行去轨道交通车站,也可以骑自行车去车站,也有可能自己开车去车站或者乘公共巴士去车站;到车站后,他乘上轨道交通(例如市域列车、双港快线),经过一次或几次换乘来到目的地车站后出站;接下来,他步行或再乘公共巴士去最终目的地。从这一出行描述可以看出,地区居民的交通聚集点是所在地区的轨道交通车站,而在这样的一个出行活动中,轨道交通是整个出行交通工具中的主体和核心。

这样一种客运交通结构,在国内许多超大、大型城市中已经实现,但对于海口而言还是较新的,可以预见,只要海口的轨道交通发展下去,海口的客运交通结构也将如此。换句话说,轨道交通将重塑城市客运交通结构。

4.3　引导城市服务功能聚合

轨道交通建设和运营以后,"核 - 轴"式发展模式将得到进一步强化,特别是会加强轴上城市化地区与中心城的联系,加强轴上核的聚集;同时,它还可以随着轨道交通的建设,短时间内形成一批强有力的核和一条具备相当规模的发展轴(图 4-10)。

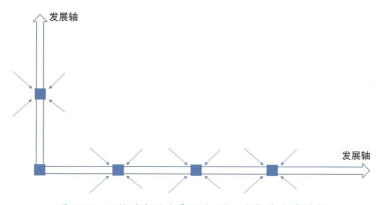

图 4-10　以轨道交通为骨干的"核 - 轴"式发展模式

"核-轴"式发展模式是一种最典型、最强有力的以轨道交通为导向的城市扩张模式,可解决中心城区以外的居民难以享受到与中心城相当的生活质量和工作便利的难题。为了更好地引导这种模式的发展,必须在轨道交通开始建设之前就拟订一个有远见的土地利用规划,结合轨道交通的特点调整其沿线,特别是调整车站周围地区土地使用的性质和使用强度(容积率、高度控制等),一方面完善城市"核"的功能,另一方面也提高轨道交通的效益和服务水平,有利于将轨道交通的开发利益还原给真正的投资者,最终形成轨道交通项目良性循环,走上可持续发展之路。

例如上海,其不同功能的轴向发展地区呈现出不同特色的城市产业系统:宝山,形成以冶金、建材、物流为功能特色的沿江发展轴;嘉定,形成以汽车生产和汽车文化为特色的沪宁、沪嘉发展轴;青浦,形成以居住、休闲、娱乐、旅游为特色的沪青平发展轴;松江,形成以居住、科教、文化生活为特色的沪松杭发展轴;南汇(2009年被划入浦东)、奉贤,形成以两港(浦东国际机场、洋山深水港)为核心的物流设施及石油化工、机电、建材以及沿江沿海的高档居住为特色的发展轴。

又如上海的磁浮郊区环线规划设想(图4-11),磁浮郊区环线建设将加速上海南部地区经济的一体化,加速环线上城镇的功能分工,加速大都会空间结构的形成。

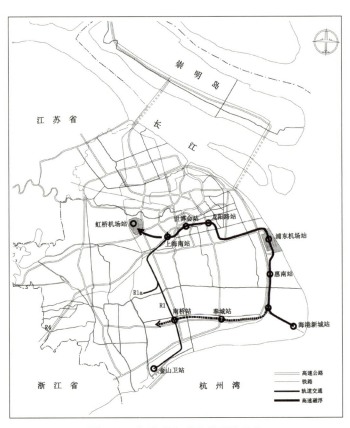

图4-11 上海高速磁浮郊环线示意

再看另一个案例，美国阿灵顿郡的轨道交通沿线开发，其更强调不同站点的差异化（图4-12），如在波尔斯顿站侧重高密度的零售物业开发，在弗吉尼亚广场站则侧重中低密度的教育机构的土地使用。阿灵顿郡通过发达的公共交通系统为主干支撑城市运行发展，以"步行为导向"为城市设计原则，创造高质量的步行环境和开放空间，形成可持续发展城市。

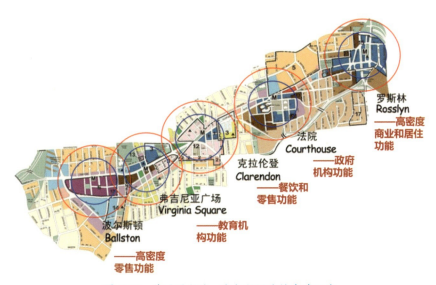

图4-12　美国罗斯林-波尔斯顿地铁走廊示意

4.4　引导城市空间结构优化

轨道交通线路和车站将重塑城市意象，是因为它们同时与道路、边界、区域、节点和标志物等五大要素相关联，必然成为城市整体意象的重要组成部分。

道路是观察者习惯、偶然或是潜在的移动通道，它可能是机动车道、步行道、长途干线、隧道或是铁路线，对许多人来说，它是意象中的主导因素。人们正是在道路上移动的同时观察着城市，其他的环境元素也是沿着道路展开布局的。因此，与之密切相关的轨道交通线路也是这类要素之一。同时，轨道交通的车站必然是多条道路的交汇点，那就更是车站所在地区的城市意象要素之一。

边界是线性要素，但观察者并没有把它与道路同等对待，它是两个部分的边界线，是连续过程中的线形中断，比如铁路线的分割、开发用地的边界、围墙等。这些边界可能是栅栏，或多或少可以互相渗透，将区域分开来；也可能是接缝，将两个区域相互关联起来。轨道交通的线路常常扮演边界这一角色，特别是高架和地面的轨道线路。

区域是城市内中等以上的分区,是二维平面,观察者从心理上有"进入"其中的感觉,因为其具有某些共同的能够被识别的特征。对于每一个轨道交通的车站来说,它都有一个特定的服务区域。这一区域的界定可能是干线道路、河川,或者是距离本身。

节点在城市中是观察者能够由此进入的具有战略意义的点,是人们往来行程的集中焦点。轨道交通的车站和广场是最为人们广泛认知的节点设施。车站,既然是人们出行的交通枢纽设施,那么它必然成为城市的重要节点。

标志物是另一类型的点状参照物。车站建筑,由于作为人流集散点的特性,无论其形象如何,都将是城市的标志物。同时,由于轨道交通车站的站距较小(通常在1~1.5km),使其自然形成一组(或一串)有规律的标志物群,这将成为更加有分量的城市意象构成要素。

以轨道交通车站的站前广场为节点,车站站房为标志物,以其服务范围为区域,其间道路穿插的城市地域意象之组合,就是轨道交通所筑的城市意象。

以上海为例,上海的城市空间结构是呈现东西、南北两个发展轴(图4-13),其中东西发展轴的东边部分发展与浦东国际机场的发展直接相关。几乎可以说,如

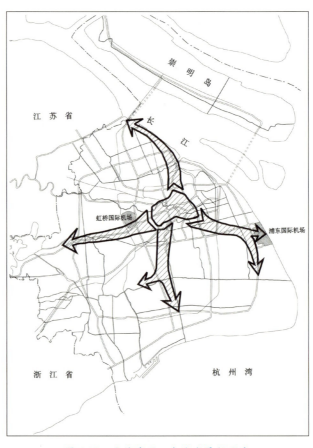

图4-13 上海东西-南北发展轴示意

果没有浦东国际机场，东西轴的东部可能就不存在，而有了浦东国际机场，特别是定位为亚太地区国际枢纽机场之一和中国重要门户机场的浦东国际机场的建设，使得东西轴的东部快速成长，并得到长足发展。

现代大型机场的建设总是带来相邻地区，特别是机场与母城之间的城区，沿高速公路和轨道交通迅速地城市化，并带来这一地区内产业的发展和集聚，从而形成城市发展轴。从近年来国内外发展实例来看，无论是产业设施、文化设施还是环境设施，都在向高层次、高密度、高附加值化发展。

浦东国际机场的建设不仅仅为该地区提供了2条高质量的城市高速道路，而且还为该地区提供了3条快捷方便的轨道交通通道（图4-14），包括已建成的轨道交通2号线、上海磁浮示范运营线（规划预留延伸通道）以及在建的铁路机场快线（浦东机场至虹桥机场）。很显然，机场的建设给周边地区市政基础设施配套带来了前所未有的促进，现在这一地区内的产业已经集聚，地区内原有产业和社会结构也在不断更新迭代。

图4-14　上海市东西发展轴上的3条轨道系统

轨道交通站点的设立以及车站广场的建设，将给周围地区的地价、开发强度、人口密度以及楼面价格等带来新变化。对于海口目前情况而言，随着市域列车的开行，如果能够加强海口东、城西、秀英、长流这些中间站点及其周边开发建设，则将启动城市空间结构的重组。特别是目前这些中间站点相对位于中心城区外围，用地多以居住、产业等为主，因此，公共设施往往会向车站周围地段靠近，呈现出围绕车站开发、车站周围越来越大、城市"核"逐步形成的规律性。

同时，由于轨道交通天生的线型特征，使得这些"核"又都是被轨道交通线路串起来、轴向发展的。双港快线的每一个车站都会根据其规模大小、客流多少、是否枢纽、是否处在传统街区、是否处在行政中心等多种因素，形成一个个有个性的、不同规模的"城市核"。被双港快线、未来其他轨道交通线路所重塑的城市空间结构一定是多轴的。每一个"城市核"和每一条城市轴都具有不同的属性，使得城市能够呈现出多层次的、丰富多彩的发展空间。

4.5 若干工作建议

1）启动以轨道枢纽为核心的城市交通网络规划调整

海口应该立即开展公共交通网规划、建设和实施调整工作。在市域列车已经运营的线路走廊带上应该以轨道交通为骨干改造公共线路结构。在轨道交通线路还没有运营的地区，也应该按照"干支分离"的规划思想，重构公共巴士线路结构。应在规划的轨道交通线路上开行运量大、舒适度高、高速、高密度的巴士线，设置公共巴士专用车道；并在支线上开行中小车型的短距离巴士，与干线巴士在规划中的轨道交通站址形成换乘。也就是说，用干线巴士代替还未建设的轨道交通，提前形成规划中的公共交通结构，同时，也促进城市居民出行方式的改变，顺应城市空间结构的重塑。这里需要说明的是，线路巴士与轨道交通之间存在较好的互换性，而如果这种交通领域被小汽车占领的话，那么这种互换是不可能实现的。

2）开展以双港快线中途车站为核的城市开发规划

海口城市空间结构是通过一系列不同的"核"，采用多种构造方式而形成的。以本次策划提出的双港快线为例，专门的市域列车沿南海大道开行，中途经过海口东站、城西站、秀英站以及长流站，每个站点都能因地制宜地发展成为新的"城市核"，后续围绕这些车站的周边开发应当尽早提上城市规划专项研究计划中。

要使得这些站点逐步发展成为海口新的空间结构中的"核"，需要进行交通、信息、居住、环境、市政基础设施和知名度等方面的建设。这些"核"与"核"之间不再是串联式、并联式或者树枝式的联系，而是"核的网络化"。在这种网络化结构中，不以等级概念来区分这些城市空间的"核"，而只用某种特有属性来区分，即再小的核，即使它不在中心城区，也完全可以利用网络而在某一方面成为全市性的中心。要真正形成一批这种个性化的城市核，网络化的交通、通信结构是必需的，是要以快速交通、通信信息的网络化为前提的。例如，双港快线的长流将来是以行政、文化、旅游为主导特色的新中心（因为其距离海口市政府、周边主题公园较近），秀英、城西则可以根据市场情况选择一到两种产业业态作为发展重心。

双港驱动 海口腾飞
海口城市重大基础设施项目策划

5 结语

5.1 海铁枢纽，助推海口新启航

海南当前最大的战略机遇是建立"21世纪海上丝绸之路"的前沿阵地，与国家战略一体化，具体实施载体是陆岛间、大南海、本岛内的经济一体化、城市一体化，而交通一体化则是这一切的最基础要求。站在全岛视角，推进海陆岛一体化的最关键项目就是海口综合交通枢纽建设，这是一个事关城市发展大局的重要"棋子"。海口需要一座大容量、便捷化、品质化的大型客运海港，并需同时具备与环岛高铁、城市轨道、城市干道等快速集疏运系统顺畅衔接的基础条件，纵观全岛，唯有新海港具备建成海铁综合交通枢纽的"天然"优势。

我们对海铁枢纽的设想是：

■ 抓住大机遇，定位高起点，推动城市经营与枢纽建设一体化，实现枢纽中的城市，城市中的枢纽！

■ 让海口与海铁综合交通枢纽一起启航，通过海铁枢纽建设运营，强化世界首条环岛高铁对全岛的辐射效用！

5.2 空铁枢纽，助力海口新腾飞

按照习近平总书记共建"一带一路"的倡议，以及"在海南全岛建设自由贸易试验区，支持海南逐步探索、稳步推进中国特色自由贸易港建设"这一重大国家战略提出后，作为海上丝绸之路的重要枢纽节点、中国向东南亚开放的重要门户，海口再次聚焦全世界关注的目光。

我们对空铁枢纽的设想是：

■ 作为海南省重要门户枢纽机场的海口美兰国际机场，通过优化机场总体规划、综合交通、航空物流等体系建设，为机场长远发展创造条件；

■ 与海口新海港、高铁（双港快线）等互动,发挥"空港驱动"对于人流、物流、信息流、资金流的引擎作用；

■ 以机场的良性发展带动临空经济区建设运营，在城市配套基础条件好的临空区域，优先发展航空物流产业链，打通货物快捷进出瓶颈，带动临空关联产业集聚；在一体化服务条件最佳的航站楼楼前区域及面向城市方向的紧邻区域，打造旅游-商务产业链条，满足海口快速增长的商贸人员交往需求；把握国家赋予的"探索中国特色自由贸易港"政策契机，在空铁枢纽的临空经济区内，为未来的自贸港新兴产业规划保留发展区域；构建代表社会公众利益的"公共平台"治理体系，保障临空经济区的长期可持续发展。

5.3 双港快线，构建海口新结构

"核轴"式发展模式与轨道交通建设的关系，显然是一个"先有鸡还是先有蛋"的古老问题。但是，我们一定要记住，小汽车的发展是不可逆的。没有轨道交通的建设，城市就无法摆脱"摊大饼"式的发展模式。如果我们不能摆脱城市用地无序蔓延、低层次的扩张方式，那么就无从谈及城市的合理空间结构。高速、准时、大运量、高密度的轨道交通，是"时间与距离相结合、用地规模与强度相结合"的"核轴"式发展模式成立的基础。因此，我们可以认为没有轨道交通就没有轴向扩张，没有轴向扩张也就没有城市的宜居环境和合理空间结构。

我们对海口交通发展模式的期待是：

- "以人为本，公交优先"的理念；
- "双港快线为骨干、层次衔接分明"的城市综合交通体系；
- 以交通模式的调整为契机，重新构筑海口市的发展空间，注入新发展活力！

参考文献

[1] 刘武君. 大都会——上海城市交通与空间结构研究 [M]. 上海：上海科学技术出版社，2003.

[2] 刘武君. 重大基础设施建设项目策划 [M]. 上海：上海科学技术出版社，2010.

[3] 吴念祖，等. 虹桥综合交通枢纽开发策划研究 [M]. 上海：上海科学技术出版社，2009.

[4] 刘武君. 航空城规划 [M]. 上海：上海科学技术出版社，2013.

[5] 刘武君. 机场土地开发研究 [M]. 上海：上海科学技术出版社，2014.

[6] 刘武君. 综合交通枢纽规划 [M]. 上海：上海科学技术出版社，2015.

[7] 李文沛，刘武君. 机场旅客捷运系统规划 [M]. 上海：上海科学技术出版社，2015.

[8] 刘武君，顾承东，等. 建设枢纽功能 服务区域经济——天津交通发展战略研究 [M]. 上海：上海科学技术出版社，2006.

[9] 刘武君，顾承东，等. 打造交通极 成就桥头堡——珠海市公共交通发展战略研究 [M]. 上海：同济大学出版社，2014.

[10] 曹允春. 临空经济——速度经济时代的增长空间 [M]. 北京：经济科学出版社，2009.

[11] 约翰·卡萨达，等. 航空大都市——我们未来的生活方式 [M]. 曹允春，等，译. 郑州：河南科学技术出版社，2013.

[12] 赵巍. 美国航空枢纽的发展模式与成长经验 [M]. 北京：中国民航出版社，2018.

[13] 顾朝林. 中国港口城市的互动与发展 [M]. 南京：东南大学出版社，2010.

[14] 赵娜. 港口战略协同 [M]. 杭州：浙江大学出版社，2012.

[15] 宋炳良. 港口城市发展的动态研究 [M]. 大连：大连海事大学出版社，2003.

[16] 北京市城市规划设计研究院. 城市土地使用与交通协调发展——北京的探索与实践 [M]. 北京：中国建筑工业出版社，2009.

[17] 叶霞飞，顾保南. 城市轨道交通规划与设计 [M]. 北京：中国铁道出版社，1999.

[18] 李文翎，阎小培. 城市轨道交通发展与土地复合利用研究——以广州为例 [J]. 地理科学，2002，22（5）：574-580.

[19] 张昊，张忠国. 美国阿灵顿城市轨道交通发展模式的分析与借鉴 [J]. 国际城市规划，2011，26（2）：84-88.

[20] 上海觐翔交通工程咨询有限公司. 海口市双港快线概念方案研究 [R]. 2018.

[21] 上海觐翔交通工程咨询有限公司. 海口新海滚装码头客运综合枢纽站总体策划 [R]. 2018.

[22] 上海觐翔交通工程咨询有限公司. 海口新海滚装码头客运综合枢纽站交通专项策划研究 [R]. 2018.

[23] 上海觐翔交通工程咨询有限公司. 海口美兰机场临空经济区产业策划研究 [R]. 2018.

[24] 上海觐翔交通工程咨询有限公司. 海口美兰机场临空经济区产业规划研究 [R]. 2018.

[25] 上海觐翔交通工程咨询有限公司. 海口美兰国际机场综合交通策划与概念规划方案研究 [R]. 2018.

[26] 上海觐翔交通工程咨询有限公司. 海口美兰机场航空货运物流与机场关键运行设施专项规划研究 [R]. 2019.

[27] 南海网. http://www.hinews.cn.

[28] 新华网海南频道. http://www.hainan.news.cn.

[29] 中免集团官网. http://www.cdfg.com.cn.

后 记

本书是基于海口空港、海港和市域铁路若干策划研究的成果编撰而成，虽然最早我们接触的是海港的总体策划，但当时我们就站在"一带一路"倡议和海口市城市发展的角度提出了"双港驱动"的发展战略。之后，随着习总书记"4·13讲话"精神的落地，海口的发展遇到了崭新的机遇。在这种背景下，随后开展的空港和两港快线的各项策划研究也正好是对推动"双港驱动"战略落地这一命题和定位的完善与补充。由于海南自身特点，加之自贸港政策的逐步落实，我们在策划研究中提出了很多创新性的论点和可以实际操作的方案。本书的编撰是想记录下我们当时思考的过程和成果，向研究过程中给予我们机会和帮助的领导、专家及各界同仁交上一份答卷！

在课题的研究和本书的编撰过程中，我们得到了许多领导、前辈和朋友的支持。在这里尤其要感谢儒雅、德高、时任上海工程技术大学副校长的刘武君教授，作为我们认识多年的师长、行业内的顶级专家和海口市政府的特聘顾问，在相关研究与本书编撰过程中，给予我们关键性的指导，并给出了很多至关重要的、甚至是决定性的意见和建议。我们还要感谢海口市委、市政府的领导，他们每次听完汇报，对于我们成果的肯定是我们再次前进的动力，没有他们的决策和支持，我们很多的想法都只能是"纸上谈兵"。在此，我们真诚地感谢海口市委、市政府及市发改委、市资规局、市交通港航局、市政府投资项目管理中心、海南港航控股等相关政府部门和企业，以及中国城市规划设计研究院、SPS公司、上海市建工设计研究总院有限公司、悉地国际、北京市建筑设计研究院有限公司、北京市市政工程设计研究总院有限公司等国内外相关咨询、设计单位在项目策划和课题研究中给予我们的大力支持与帮助。

白驹过隙，时光荏苒。从我们开始第一个课题研究至今已有两年多了，回想起这1000多个日日夜夜，现场调研和访谈，奔波于不同部门间收集资料，与相关合作方讨论与合作，说来就来的讨论与汇报，尤其是一次向市长视频会议汇报完，抬头看时钟已是凌晨零点零三分……这一幕幕画面，让我们时常心生感慨，难以忘怀。

今天，我们很欣喜地看到了海口新海滚装码头客运综合枢纽站和海口国际免税城的正式开工建设、《海口临空产业园区(南区)控制性详细规划》的正式批复和各项招商工作的进行，尤其是海口市域列车在2019年7月1日正式通行，更是开启了海口的城铁时代，也开创了中国利用高铁开行市域列车线的先河。然而，策划的作用是长期的，海口双港驱动的城市发展格局才刚刚开始形成，还需要相当长一段时间才能逐渐地显现成果，我们还有很多、很重要的工作急需去做。不过无论如何，我们已经可以很自豪地说：

"我们是海口发展的参与者，也是海口腾飞的见证者！"

最后，要感谢为本书成书提供帮助的各课题参与单位。感谢海口市委、市政府对课题研究的大力支持，感谢黄舸先生、龙舒华先生、林健先生、李忠标先生、许达昌先生等在各课题具体研究中给予的客观点评；特别感谢刘武君教授在本书编撰过程中的精心指导；感谢 SPS、旭鹏设计咨询（上海）有限公司等单位的朋友和同事们提供了相关资料、修改意见以及技术方面的支持。

谨以此书的出版，祝愿海口发展得越来越好！

上海觐翔交通工程咨询有限公司 员工一同

2019 年 10 月 7 日，上海